中華書局

清代宮廷政變錄

金性堯 著

前言

　　宮廷政變，通常指統治集團內部為了爭奪權力而發動的一場鬥爭，有流血的，也有不流血的，有成功的，也有失敗的。它與皇權相終始，而以人治為基礎。宮廷政變的發動者，絕大部分為了個人或派系（集團）的權力，談不上理想，只存在野心，往往具有孤注一擲的可怕的冒險性，慾望淹沒了理智。但極少數也有正義性進步性，例如「戊戌變法」和后黨發動的「戊戌政變」是兩種概念，兩種性質，但如果變法成功，后黨下台、坐牢，實際也是一場政變，不過是良性的。

　　人的權慾是沒有底的，因此，宮廷政變也就層出不窮。天子至尊，君臨四海，應該不再有權的爭奪了，可是他還得防止文臣武將侵犯他的權力，哪怕是很細小的；防止異己者損害他的尊嚴，因而仍然有鬥爭，多是採用突擊性的手段，例如清聖祖即位之初的對付鰲拜，仁宗即位之初的對付和珅，這兩人都屬於貴族集團，如不剷除，新

君的權力便得不到保障，實際上也是宮廷政變，只是由皇帝這方面來發動。

中國的宮廷政變，說來淵遠流長，西周初年的管蔡之叛，就是一場未遂的宮廷政變，嵇康即曾為管蔡鳴不平，說二人是懷忠抱誠。為杜甫稱為「風塵三尺劍，社稷一戎衣」的唐太宗李世民，也是在宮廷政變、殺兄滅弟之後攫取帝位，今人李宗吾的《厚黑學》即以唐太宗為代表。宋初的燭影搖紅故事，至今仍為宮闈間一大疑案。少數民族如遼、金、元的宮廷政變，也是史不絕書，那位以荒淫出名的海陵王完顏亮，也是得天下於宮廷政變。到了明代，惠帝即位才四年，他的叔父燕王朱棣即發動宮廷政變，還說他要效法周公輔成王。

中國宮廷政變所以特別頻繁，其中還有一個重要原因，就是帝王後宮之多內寵，由多妻而多子，由多子而造成儲位之爭，明知這是要用生命作代價，但因天無二日，大家就願做撲燈之蛾，康熙朝因爭儲位而投入鬩鬥的漩渦就有九個。還有一點，由於多妻，使婦女（后妃）也進入政變的行列，本書前部分寫的孝莊太后，後部分寫的孝欽太后，兩人在清代歷史上起的作用雖不相同，卻都是聰明而富於才能、善用權謀，以孤兒寡婦之身，在宮廷政變中十分活躍的婦女。

清人發跡於遊牧，君主雖也多妻，尚無預立太子以及

立嫡立賢之制，入關後，因受漢化影響，到了第二代康熙朝，為了儲位之爭，糾紛延續父子兩朝，骨肉相殘，大獄頻興，牽連受禍的為數極多，自聖祖晚年至世宗初期，為宮廷政變一個高潮。但聖祖晚年，政局逐漸傾斜，大臣的朋黨因儲位之爭而不斷起伏，世宗即位後，以鐵腕而大事整頓，言出令隨，雷厲風行，清除了許多積弊，開乾隆朝宏邁之局，而大清帝國的絕對專制，也至雍正朝而完固。他的兒子高宗，能在和平環境中順利取得帝位，則又與乃父的懲前毖後，祕密建儲的預謀大有關係。

第二個高潮則是文宗在熱河逝世後，由垂簾聽政而使孝欽初露鋒芒，促成辛酉政變，三十餘年後又有戊戌政變，六十餘歲的文宗遺孀那拉氏，卻成為政變舞台上唱大軸的主角。但自戊戌以後，大清帝國的命運日益暗淡，列強勢力已經威脅到臥榻之側，皇權已經殘缺，那拉氏要想廢德宗而另立大阿哥，也深恐洋人要干預而未果，這以後誰都沒有發動宮廷政變的力量了。

宮廷政變的核心是權力之爭，環繞這一核心，諸如結黨營私鈎心鬥角、看風駛舵、投井下石、翻覆無常、泄憤報怨（如濟爾哈朗與多爾袞，孝欽與肅順等）一系列現象，就像萬花筒那樣搖滾於政變的風頭浪口中，也是很自然的規律，於是大家都成為失控的野馬，什麼殘忍卑鄙的手段都用得出，對於心理學家，倒是很現成的研究史料。

今天有些家庭糾紛中的父子結怨、兄弟狠鬥的事例，讀了本書中的某些故事後，也會引起您的興趣和思考，歷史的鏡子雖然已蒙上灰塵，但當我們抹去灰塵，擦亮鏡子後，仍然可以窺見活動着的影子。

本書中所謂宮廷政變，是從廣義範圍說的，如果從狹義的範圍，那末，可寫的就不多。內容以故事為單元，兼具掌故意味，有些齊東野語之類的荒誕傳說，或予屏除，或予糾辨。其中敍述清人在關外時部分，讀起來或許感到生僻奧遠，但也因為這部分史料，讀者平時接觸得不多，故而將它介紹得多些。

又，本書與拙著《清代筆禍錄》是姊妹篇。《筆禍錄》寫的是皇帝對付士人，本書寫的是皇帝對付家人，都是皇權下的產物，皇權雖已成為歷史名詞，但對於有歷史癖的人，仍然大有琢磨的餘地。

金性堯

一九九二年元旦

目錄

誰揭開滿族史的序幕

歷代的宮廷政變，主要表現在兄弟父子叔姪的骨肉相殘上，其次則為與后妃之間，也即妻妾之間。其中的一個重要因素是多妻制，例如由嫡庶而導致的皇位爭奪，就是由多妻而形成的，這恐怕也是我們中國的獨得之祕。歷代統治集團常以綱常倫理的大義曉喻臣民，可是自己的家族內部，卻往往猜忌分裂，甚至喋血宮闈，有的採用和平手段，有的成為千古疑案，如宋代趙氏兄弟的燭影斧聲事件。

所以，談到宮廷政變，必然要涉及宗族關係，古代所謂國家，實際是家族的擴展，而談到滿清的宗族，又要追溯到她的最早播種者：究竟是誰揭開這家宗族舞台的序幕呢？

說來有趣，原來是一位野外的少女。

長白山東面有一座布庫里山，山下有一方布爾瑚里池。有一天，來了三位天女：大姐恩固倫，二姐正固倫，三妹佛庫倫，都投身在池中洗澡。這時有一隻神鵲銜着朱

果，放在佛庫倫衣上，佛庫倫便把朱果一口吞下，於是懷孕了。

不久產下一個男孩，生而能言，體貌奇異。長大後，他母親告訴他：「天生你去平定亂國，你就以愛新覺羅（覺羅是「族」的意思）為姓，布庫里雍順為名。」說畢，便凌空而去。兒子便乘小船順流而下，來到河埠，登岸後折柳枝和野蒿當坐具。

這個地區內有三姓爭雄為長，構兵仇殺。有人取水至河埠，見了布庫里雍順狀貌奇特，回去告訴眾人，眾人即前往訪問，他回答說：「我是天女所生，天命我來平息你們之亂。」眾人便交手為輿，抬他至家裏，奉以為主，還將女兒嫁給他。自此紛亂因而平定，便定居在長白山東面俄漠惠之野鄂多里城，國號滿洲。

過了數世以後，因國人叛亂，殺害宗族，只剩下幼子范察，逃至荒野，國人追之，恰巧有鵲停在他頭上，追者以為人頭無栖鵲之理，疑為枯木，便在中途折返，幼子得以免禍，滿洲後世子孫因而感恩於鵲。

輾轉傳到肇祖原皇帝都督孟特穆，居住在赫圖阿拉地方，立志恢復舊業，用計誘捉先世仇人四十余人，殺死一半以雪祖仇，執一半以搜尋故地，既得舊業，便將這一半釋放。赫圖阿拉在今遼寧新賓縣西，明代置建州衛。由肇祖再傳至第六代，便是清太祖努爾哈赤，並正式建都於赫

圖阿拉，後來改稱興京。如果將那位天女所生的布庫里雍
順算為始祖，到努爾哈赤時正好是十代。

《詩經·商頌》有「天命玄鳥，降而生商」的話，到
了《史記·殷本紀》便敷衍成為故事：「殷契母曰簡狄，
有娀氏之女，為帝嚳次妃。三人行浴，見玄鳥（燕子）墮
其卵，簡狄取吞之，因孕生契。」下面便說契長大後如何
英明能幹，助禹治水立功，而禹的母親又是吞珠而生禹於
石紐山中。這和布庫里雍順的出世很類似，卻未必是清人
有意因襲。這類神奇傳說，見於中國史書的很多，外國也
有，鄭振鐸《玄鳥篇》曾舉了斯拉夫系、越南、印度等吞
魚和果子而懷孕的故事。所以也不能籠統地用母系社會的
痕跡來解釋，但也說明，女性在歷史文化上的重大而積極
的作用，因為宗族的傳遞繁衍全靠她們的力量。沒有男
性，女性吞朱果吞鳥卵照樣可以產下孩子，而且是一些幹
大事業的英雄豪傑。

再透過這些縹緲離奇的序幕，我們又可窺見滿族的
祖先們，在篳路藍縷、開創基業時為歷史投下的影子：
他們都奮身於力的角逐和拚搏！也即力的化身。沒有
力，就不能平定三姓之亂，不能報復先人之仇，不能使
眾人懾服。

據孟森《清始祖布庫里英雄考》，這個天女之子當是
實有其人，他的原名是布庫里英雄。布庫里是誕生之地山

名，英雄是言其地的豪傑。後來改為布庫里雍順，便成為不可解之夷語了。又稱以鵲為祖，蓋亦往時關外原義，後改作以鵲為神，已非舊俗。「清世祭祖，殿前必有高杆，置祭肉等品於杆頭，以供烏鵲之食，正其認鵲為祖之遺意。始而鵲銜朱果，以成天女之胎，既而鵲栖兒首，以救范喋（察）之禍，累世賴鵲，而有此一帝系之產生。」這是從風俗上來考析的。

布庫里雍順所居之俄漠惠，經日本人考證，實為朝鮮鏡城斡木河的對音。總之，天女之說可辟，始祖之有其人不可抹殺。後來清太廟之追尊，至肇祖都督孟特穆而止，則以其身為都督，名續燦然，自信為肇基王跡之祖。

女真被控制在長城以外，從中可見明朝防守之壁壘森嚴。清之所謂滿洲，即明之建州衛，明人曾蔑稱為「建夷」。明代曾於瀋陽、開元、廣寧皆置王府，主持邊事，後來三王遷於山西、陝西、湖廣，不再經營東北，這原因，孟森氏以為由於後來明皇朝的君主，「以猜忌之私，不欲復以強兵要地，與親貴為資，削弱宗親，亦即沮抑邊計，後來大禍起於東北，孰知為虺弗摧，其源正在骨肉猜防間也」。意思是說，明皇朝因對宗親的猜忌，即對遠在關外的藩王不放心，便放鬆了關外的防務，終至使滿州坐大，最後進窺關內，覆滅明朝，可見骨肉猜忌的為禍之烈了。

宮廷政變的邊緣

　　清代自太祖努爾哈赤、太宗皇太極至末代溥儀，一共是十二個皇帝，為什麼演義有「清宮十三朝」之名？這是因為太宗有兩個年號，先為天聰，後改崇德，史稱「崇德改元」。下面是十三朝的名次：太祖天命，太宗天聰、崇德，世祖順治，聖祖康熙，世宗雍正，高宗乾隆，仁宗嘉慶，宣宗道光，文宗咸豐，穆宗同治，德宗光緒，溥儀宣統。

　　其實，天命、天聰並非正式年號，只是尊號，清人稱太宗為天聰皇帝，原是一種尊稱，故天命、天聰兩朝，如孟森氏所說，「稱號聊以自娛，無一定帝制自為意也。」[1]清代之有正式年號，當自崇德元年開始，即明崇禎九年，公元一六三六年。

　　太祖是清皇朝的創業者，太宗是奠基者，但他們的一

1　見《清太祖所聘葉赫老女事詳考》。

生活動都在關外的滿洲本土。

太祖的生母為喜塔臘氏，懷孕十三個月才生下太祖。到了十一歲，生母逝世，繼母納喇氏待他涼薄，父親塔克世（顯祖）因為聽了納喇氏的話，父子遂分居，給太祖的家產特別少，從此往一代雄主來於撫順馬關市作買賣。到了二十四歲，他的祖父、父親都被另一部落主尼堪外蘭誘降而殺死於混亂中，死得確很慘酷，他立志要報仇雪恨，看作「七大恨」之一。從這些極簡單的介紹中，已可看到，他是在怎樣一種冷酷險惡的環境中成長起來，以後又投身於火光血海之中，對這個年輕人的心理會產生怎樣強烈的影響。

他有一個同母弟舒爾哈齊，比他少五歲。在他們兄弟早年，舒爾哈齊的聲威，差不多和太祖相等，明皇朝並稱為都督，朝鮮稱為老哈赤、少哈赤。舒爾哈齊於明萬曆時以都督都指揮身份赴明都朝貢，帶同隨員一百余名，明廷賜以宴會。他的狀貌體胖壯大，面白而方，耳穿銀環，服色和努爾哈赤一樣。據朝鮮《李朝宣祖實錄》二十八年所記：

老乙可赤（努爾哈赤）常時所住之家，麾下四千餘名，佩劍衛立，而設坐交椅。唐官家丁先為請入拜辭而罷，然後（河）世國亦為請入，揖禮而出，小乙可赤處一樣行禮矣。老乙可赤屠牛設宴，小乙可赤屠豬設宴，各有賞給。

這是朝鮮通事河世國所見的實況，説明舒爾哈齊當時的地位僅次於其兄。可是大業既定，清室所給予舒爾哈齊的待遇，據孟森《清太祖殺弟事考實》所舉，卻有許多疑問。

清初撰《開國諸王公諸大臣傳》，卻臨不到舒爾哈齊。乾隆間，撰《宗室王公功績表傳》，連《實錄》本無記載之通達郡王等皆補立而無視一向著名的舒爾哈齊。以親言，他是太祖同母弟，以爵言，順治時追贈為親王。太祖的庶出之弟且有傳，而舒爾哈齊竟無傳。（至《清史稿》始有傳）

太祖早期，曾受遼東左都督李成梁的撫容，成梁兒子如柏，曾納舒爾哈齊之女為妾，一時有「奴酋女婿作鎮守，未知遼東落誰手」之謠，太祖所以能受卵翼於李成梁，未始不因這種裙帶關係，則是兄弟而兼禍福一體之人。那末，太祖和舒爾哈齊之間，究竟存在什麼矛盾呢？

據明人黃道周《建夷考》：

酋（指太祖）疑弟二心，佯營壯第一區，落成置酒，招弟飲會，入於寢室，鋃鐺之，注鐵鍵其戶，僅容二穴，通飲食，出便溺。弟有二名裨（副將），以勇聞，酋恨其佐弟，假弟令召入宅，腰斬之。長子（褚英）數諫酋勿殺弟，且勿負中國，奴亦困之。其凶逆乃天性也。

　　這裏只是籠統地説太祖疑弟有二心，但也見得太祖對舒爾哈齊早有猜忌之心。又據《東華錄》：太宗天聰四年，議舒爾哈齊子貝勒阿敏罪狀十六款，第一款説：太祖和舒爾哈齊本來是友愛的，阿敏卻唆使他父親離開太祖，移居黑扯木。太祖聞之，坐其父子罪，不久又赦宥。那末，錯失全在阿敏，太祖兄弟之間卻並無矛盾了。事實遠非如此。

　　金梁《滿洲祕檔·太祖責弟》云：舒爾哈齊「臨陣退縮，時有怨言。上乃責之日：弟之所以資生，一絲一縷，罔不出自國人，即罔不出自我，而弟反有怨我之意何也？舒爾哈齊終不悟，出語人日：大丈夫豈惜一死，而以資生所出羈束我哉？遂出奔他部居焉。上怒，籍收舒爾哈齊家產，殺族子阿薩布，焚殺蒙古大臣烏勒昆，使舒爾哈齊離羣索居，俾知愧悔，舒爾哈齊果愧悔來歸，上以所籍收之產返之。然舒爾哈齊仍懷缺望，越二年，辛亥八月十九日，遂抑鬱而卒」。

　　金文中所謂「臨陣退縮」是這樣一回事：一五九九年（明萬曆二十七年）建州兵征哈達時，太祖曾當眾怒斥舒爾哈齊。八年後，在烏碣巖戰役中，舒爾哈齊為統帥，卻作戰不力，太祖欲處舒爾哈齊二將常書、納齊布死罪，舒爾哈齊説：「誅二臣與殺我同」。太祖乃赦其死而改為罰。從此就不再派遣舒爾哈齊。後來便有移居黑扯木的事。

　　舒爾哈齊之墓碑亭。其墓位於今遼寧遼陽郊區積慶山。

　　舒爾哈齊之死，金梁說是「抑鬱而卒」，明朝人如沈國元《皇明從信錄》等三種史料，都說是被太祖殺死。這也有些想當然，想當然之由來，或因太祖囚禁舒爾哈齊的事件已盛傳於關內，而且他的兩個兒子被太祖殺死是事實，因而有此傳聞。舒爾哈齊死時，即使命終，喪儀必很草率，使人更難明其真相。

　　舒爾哈齊之有野心也可斷言，申忠一《建州紀程圖記》記他見舒爾哈齊家「凡百器具，不及其兄遠矣」，舒爾哈齊也向申忠一說：「日後你僉使若有送禮，則不可高下於我兄弟」，已露出欲與其兄分庭抗禮之意。太祖功業之強盛，這中間自然有他作戰上一份大力，他因而必恃功而驕，兒子阿敏又很驕橫，他和太祖之間矛盾的激化，原在估計之中。虎狼相處，終必狠搏。金梁先說舒爾哈齊「果愧悔來歸」，後說「仍懷缺望」（怨恨），前一句不一定屬實，後一句倒是不虛。他的二子被殺，家產被沒收，儘管後來歸還，也不可能愧悔的。孟森說：「是其二子遭戮，身復還錮，由此而遂死。則縱非剚刃而終，亦可稱由太祖殺之，非誣傳矣。」孟氏題目稱為「清太祖殺弟」者，亦隱寓《春秋》筆法。

　　此時建州女真尚未公開反明，因而舒爾哈齊去世，

明朝地方官要進行弔祭。明人説太祖兇殘悖逆，這固然出於種族偏見，但我們如果從他的成長至晚年一系列經歷來看，他的性格和心理必然會出現兩極性的傾向，一方面是勇猛、果斷和堅毅，隨之而來的是狠辣、專斷和猜忌，不但對兄弟是這樣，對兒子對妻子也很殘忍，用《孟子·告子》的「動心忍性，曾（增）益其所不能」的話來説，正有它正負善惡的兩面。撇開兄弟關係，舒爾哈齊也可説是開國元勛，而對功臣的猜忌，則又是雄主的偏嗜。

清人宮闈之間骨肉相殘的家庭悲劇，在創業的太祖時已有雛形，雖尚不能算是宮廷政變，而為政變的邊緣該是很愜當的。

大清受命之寶

三

父子不相容

　　清太祖努爾哈赤一共有十六個妻子，十六個兒子，八個女兒。元妃佟佳氏，名哈哈納札青，生了兩個兒子，長褚英，次代善，一個女兒東果格格[1]。

　　在前篇中，曾引黃道周《建夷考》：舒爾哈齊被幽禁時，太祖長子屢勸父親不要殺弟，且勿負中國，因而也被拘禁。

　　黃氏只說長子，未舉其名，實指褚英。褚英確曾被拘禁，並且賜死，但不是因為勸諫勿殺舒爾哈齊之故。

　　天命七年（一六二二），太祖六十四歲，頒行八和碩貝勒共治國政制度，軍政財刑皆由八人共議裁決，「和碩」的原義為方面，和碩貝勒即一方之主或旗主之意，貝勒相

1　格格，小姐、姐姐。清太宗仿明制，皇帝之女稱公主，格格便成為王公女兒的稱呼。如親王之女為和碩格格，即漢語郡主之言。

當於親王，故後來有和碩親王的爵銜。八旗旗主有代善、
岳托、皇太極、莽古爾泰等。褚英則係獨掌一旗的旗主，
部眾五千戶，約有一萬丁。

太祖既有那麼多兒子，自己也已入暮年，有沒有考慮
過身後的嗣位問題呢？早就考慮過的，就是褚英。

據《滿文老檔‧太祖》卷三：

聰睿恭敬汗[1]（指太祖）思曰：「若無諸子，吾身何言，
吾今欲令諸子執政。若命長子執政，長子從幼褊狹，無寬
宏恤眾之心。若委於弟，置兄不顧，未免僭越，為何使弟
執政？若吾舉用長子，使專主大國，令執掌大政，彼將棄
其偏心，為心大公乎？」遂令長子阿爾哈圖圖門（褚英的
賜號）執政。

這是說，太祖想給褚英執政，起先內心很矛盾，但如
果給其他幾個兒子，又給誰好呢？褚英是長子，又是元妃
所生，當時雖尚無立嫡長之制，但太祖對褚英一向重視，
所以還是讓他執政了。

不想褚英執政後毫無公正之心，離間太祖同甘共苦之
五大臣，折磨太祖「愛如心肝」之四子，並要四弟對天星

1　汗，可汗的簡稱，意即國主。

盟誓，不將他的一切告訴太祖。又說：汗父賜與他們的財寶、良馬，汗父死後，就不賞賜了。又威脅說：「吾即汗位後，將殺與吾為惡之諸弟諸大臣。」五大臣指開國元勳費英東、額亦都、扈爾漢、何和云、安費揚古，四子指代善、阿敏、莽古爾泰、皇太極。除阿敏是太祖之姪，其餘都是太祖之子。

這一來，諸人自很恐懼，大家商量說：我們如果告訴汗，就怕執政的阿爾哈圖圖門迫害，若因此而不告訴，我們的生計就要斷絕，故不如「將吾等難以生存之苦告汗後再死」。於是去告太祖，太祖乃痛責褚英，並將其多於諸弟的戶口、財物，和諸弟平均分配。從此不再信任褚英，兩征烏喇，皆勿令隨行，且命代善、莽古爾泰留國中監視。

褚英自然懷恨在心，趁太祖出師時，「作書以詛上及諸弟羣臣，祝於天而焚之。」大概是使行薩滿教的巫術，《紅樓夢》中馬道婆用的也是此種「魔法」。

褚英焚書祝詛後，又怕日後被太祖知道，便想自殺，還要侍臣同死，侍臣嚇了，乃奔告太祖，太祖大怒，但想到殺長子不可為訓，乃貸其死而幽禁之，後仍被處死。時為天命建元前一年（一六一五）。

這段記事，為官修的《清實錄》等所刪削，清室於家庭慘變多加隱飾。《清史稿‧褚英傳》只說：「死於禁所，

年三十六。明人以為諫上毋背明，忤旨被譴。」後一點可能是使太祖厭恨的因素之一。

清《宗室王公傳》載褚英傳云：「以罪伏誅，爵除。」則清亡國史尚未盡諱。《東華錄》記順治五年三月，幽禁肅親王豪格時，也有「太祖長子，亦曾似此悖亂，置於國法」語。又如雍正四年二月，上諭稱：從前聖祖曾說：「『八阿哥（允禩）潛結黨羽，蘇努、馬齊等俱入其黨』。觀此可知蘇努、馬齊自其祖父相繼以來，即為不忠。」諭中的祖父即指褚英，還說：「伊等俱欲為祖報仇，故如此結黨，敗壞國事。」

自雍正倒溯褚英，已有四世，而猶如此嫉恨，雍正之所以算此舊賬，又由於他本人與兄弟間其豆相煎之故，亦見清代的宮廷爭軋，無論關內關外，一直綿延起伏。

這裏還要談談褚英獲罪的背景。

太祖命諸子之各領一旗，初意或許想保持均勢而由自己統攝控制，所以，八貝勒除汗父規定的應得份額之外，若另自貪隱一物，就要革一次應得之一份，貪隱二次革二次。事實上也是這樣，當時軍政大權仍由太祖執掌，八貝勒只是助理的八大貴族而已。

另一方面，就八貝勒所分得的土地、兵丁、奴婢、財物等等來說，則已儼然成為一個山頭。太祖一再誡諭各旗之間不可相互侵犯，不可貪圖分外之物，這也等於促使他

們都具有獨立性，因而八大貝勒有權可以任意支配旗內事務，無論是否恰當，其他貝勒無權干涉。

褚英的專斷橫暴是事實，不光是心胸狹窄。他勸太祖勿背負明室，動機如何不得而知，但也是很大膽的，明明是觸在刀口上。後來用巫術詛咒太祖及諸弟，又見得其人的陰狠。但他為什麼一執政就對諸弟威脅壓制，一方面是下馬威，一方面見得兄弟之間本不相容，這些人能夠擁有一個山頭，平日的權慾和野心也在不斷膨脹，這時更加咽不下這口氣，又怎肯平白地俯首就範？太祖在世時尚且這樣，太祖一死，處境自不堪設想，與其日後難以生存，不如拚死告訴太祖。

五大臣都是功高權重的家將，當年隨太祖揚威沙場時，褚英還是一個娃娃。由於利害相同，故而一拍即合。他們告訴太祖的話，有煽動性、哭訴性，卻不全是捏造。正因為屬實，所以使太祖震怒。四子是他「愛如心肝」的，五大臣是有汗馬功勞的，日後還要他們出力。褚英這樣做，無異在打擊太祖本人，在向汗父挑戰示威，因此，這就不僅僅是褚英和四弟五臣之間的傾軋，而是上升為更其惡性的老汗與新汗之間權力上的鬥爭，也可說是未遂的宮廷政變。

天命六年正月，太祖召集代善、阿敏、莽古爾泰、皇太極等，祝告天地，焚香設誓：「吾子孫中縱有不善者，

天可滅之，勿令刑傷，以開殺戮之端。如有殘忍之人，不待天誅，遽興操戈之念，天地豈不知之？若此者，亦當奪其算。昆弟中若有作亂者，明知之而不加害，俱懷禮儀之心，以化導其愚頑。」（《清太祖實錄》）

也許鑒於自己過去囚弟殺子的慘劇而有懺悔之言，所謂現身說法者是。然而權力畢竟比太祖高皇帝的訓誡更富於魔力，天地神祇更是束手無策，還是《紅樓夢》中林妹妹說得最巧妙：「但凡家庭之事，不是東風壓了西風，就是西風壓了東風。」（第八十二回）

大清嗣天子寶

皇帝親親之宝

四

一代梟雄與世長辭

天命六年（一六二一），清太祖自統大軍，水陸並進，進攻明之瀋陽衞，明軍以萬餘人當數倍之眾，展開血戰，結果仍被殲滅。其所以能取得大捷，亦因事先派人潛入瀋陽，聯絡城內的蒙古飢民以為內應之故。

瀋陽攻陷後，太祖召集諸貝勒、大臣商議後又進攻遼東的首府遼陽。不久，遼陽也被攻陷。至此，遼河以東，已無明之完土。在追逐過程中，把漢民驅徙到河東，分給八旗官兵為奴，也即清代包衣的來源，屬上三旗（指鑲黃、正黃、正白）的隸於內務府，既附旗籍後，便不問其原來氏族。曹雪芹的先世就是包衣，隸正白旗。

瀋、遼到手後，太祖又問諸貝勒、大臣：今後應移居遼陽還是回到赫圖阿拉（興京）？大家以「還國」相答。太祖說「國之所重，在土地人民。今還師，則遼陽一城，敵且復至，據而固守，周遭百姓，必將逃匿山谷，不復

為我有矣。捨已得之疆土而還，後必復頑征討，非計之得也。且此地，乃明及朝鮮、蒙古接壤要害之區，天既與我，即宜居之。」[1] 眾人都覺得很對，於是決定遷都。

這時還是明代天啟年間，太祖還不可能有進窺關內，滅明稱帝的意圖，但也見得他在謀略上確有高出眾人的卓見。

遷都之議決定後，諸福晉（夫人）在眾貝勒迎接下來到遼陽，踏着蘆席上鋪設的紅地毯，進入汗的衙門裏。因為遼陽舊城年久傾頹，而東南有朝鮮，北有蒙古，都未寧貼，故須更築堅城，分兵守禦，乃下令降附之民築城於城東太子河畔，並興建宮殿、城池、壇廟、衙署，稱為東京。

當時的瀋陽城只有遼陽城的一半，但太祖鑒於瀋陽比遼陽更有發展前途，又想遷都瀋陽。

在遷都遼陽時，諸貝勒、大臣本來不贊成，這次又以力役繁興，民不堪虐為理由向太祖力諫，太祖舉了遷瀋的許多好處：其地四通八達，征明、征蒙古、征朝鮮皆便利。近處多河流，順流而下又便於砍伐木材。出遊打獵，山近獸多。最後，他責問道：「吾等慮已定，故欲遷都，汝等何故不從？」接着，他於初三日出東京，宿虎皮驛，初四

1　見《清太祖實錄》。

日至瀋陽。從兩次遷都上，都表現出他的果敢專斷的性格。

　　瀋陽後來稱為盛京，滿文音譯為穆克屯和屯。城中的大政殿和十王亭是宮殿的主體建築，大政殿坐北朝南，台基上矗立朱紅圓柱，形狀為亭子式八角重檐建築，頂鋪黃琉璃瓦，殿的八脊頂端聚成尖狀，上設相輪寶珠與八力士寶頂，表現了喇嘛教色彩，十王亭分列左右。保存到今天，也成為一座完整的清故宮。全部建築佔地六萬多平方米，屋子三百餘間，西路有戲台，儲存《四庫全書》的文溯閣即在西路。

　　這時的關外，明室尚駐有重兵，所以兩方常在戰鬥。天命十年（一六二五），太祖得知明遼東經略[1]易人，新任經略高第怯弱懼戰，主動放棄關外諸城，企圖退守關內，只有寧前道袁崇煥拒不從命，堅守寧遠（今遼寧興城）孤城，太祖以為這是一個好機會，便於次年正月十四日，親率六萬大軍進擊。二十三日到達寧遠，越城五里橫截山海關大路駐營，企圖割斷關內外的聯繫。但他又知道袁崇煥頗有智謀，而清兵星夜疾馳，士馬困疲，所以不敢輕意攻城，乃先遣使誘降袁崇煥，卻為崇煥拒絕。

　　寧遠城為袁崇煥親自督修，城腳以大石頭砌成，袁營有兵四五萬人，其中有善於用火器的閩卒，架設新從葡萄

1　經略，官名，權任極重，在總督之上。

袁崇煥畫像

牙輸入的紅衣炮[1]。城西龍宮寺的囤糧也運入覺華島，又命士兵鑿冰十五里，以防清兵履冰入島。袁崇煥本人刺臂寫血書，烹體肉，激勵守城軍民，誓與孤城共存亡。

太祖見勸降不成，便發動猛攻，城上明軍即以紅衣炮轟擊。清軍前鋒攻城兵，身披鐵鎧二重，號為「鐵頭子」，推動雙輪戰車進逼。戰車用槐榆二木做成，厚八寸，上覆生牛皮，內藏勇士（敢死隊）數人，靠城牆時勇士在內鑿城。

明軍則製成護城的木櫃，半邊卡在城堞之內，半邊伸出牆外，櫃中甲士俯下射箭，但仍無法擊退「鐵頭子」，而城牆下半截已有數十處被鑿損，百姓大為驚慌，袁崇煥身先士卒，命令以柴草澆上油，再加火藥，用鐵繩繫至城下，然後以柴、棉等摻硝磺、松脂焚燒。清兵戰車起火，只好退下，明軍乘機發炮猛轟，清太祖突然中炮受傷，八旗兵於是退至龍宮寺結集。

後來清兵一度踏上覺華島，佔領了東山、西山，屠殺了明方的軍民，燒毀島上的糧草。但想到明朝援軍四面逼來，太祖又在重傷中，便迅即撤離至興水縣的白塔峪紮營。太祖也深為懊悔，二月初九日回到瀋陽。

這一戰役，就死傷人數說，明方大於清方，僅覺華

1　紅衣炮，本名紅夷炮，明代於正德年間輸入，因清人諱「夷」字，乃改名。後皇太極招來明工匠仿製，名曰「天祐助威大將軍」。

島便達三萬餘人。以孤城而奮戰如此慘烈，無論漢滿，士兵的戰鬥力還是表現得十分勇猛的，並說明火力已在戰爭中佔了重要地位；而清太祖的失敗，輕敵是主要的原因。

太祖敗歸養傷後，仍然親自督師出戰。這一次的敵人是蒙古巴林部的囊奴克，最後被皇太極（即清太宗）放箭射落馬，包圍了囊奴克營寨，將牲畜、財物全部奪過來，蒙古的科爾沁諸貝勒大首領鄂巴台吉[1]遂前來通好朝拜，便將鄂巴招為女婿。但這些其實是在誇耀太宗皇太極的武功。

太祖在寧遠之役後，雖然又曾出征蒙古，並且獲得勝利，但百戰老將，受此敗績，對方卻是四十歲的初作戰的文臣。他身上的創傷又未曾完全治癒，這對他心靈上自必很震動。兒子那麼多，都在戰爭中立過功，自己已到六十八歲，將來應當由誰來嗣位，能不能像他那樣英明精悍？他諄諄勸導諸子要互相和睦，不得偏私，這與民間一般的家訓絕不相同，實際是深懷隱憂。太祖後期的作戰，多半得力於父子兵，而在父子兵的壯大過程中，卻隨時萌含着家庭之變的因素，也即為政變提供條件。誰都是汗父之子，誰都可以恃功而坐南面。他曾經想以褚英嗣位，可是最後卻成為他的對頭，甚至要詛咒他死亡，那麼，還有

1　台吉，借自蒙古語，蒙語又出自漢語「太子」一詞，這裏意為王子。

誰可以信任的呢。他的同母弟舒爾哈齊曾給他幽禁而死，
人到暮年，清夜捫心，能不負疚嗎？《清太祖實錄》三月
三日，曾記有這樣一段話：

> 吾思慮之事甚多，意者朕心倦惰而不留心於治道歟？
> 國勢安危、民情甘苦而不省察歟？功勛正直之人有所顛倒
> 歟？吾慮子嗣中果有效吾盡心為國者否？大臣等果俱勤謹
> 於政事否？

也許還有些不能記載或未曾宣泄的內心活動。這一
切使他在有限的歲月中，有着極其沉重的心理負荷，被痛
苦、悔恨和焦急磨耗着。

天命十一年七月間，他病勢加重，往清河溫泉療養，
二貝勒阿敏為他殺牛祭神，但並無效果，便乘船順太子河
而下，並傳諭大福晉阿巴亥前來迎接，會於渾河。大福晉
到達後，又溯流至靉雞堡（距瀋陽城四十里）。這說明他
對大福晉是很寵愛的。八月十一日，因背疽突發，這一代
梟雄終於與世長辭。

日本稻葉君山《清朝全史》第十二章云：「然太祖之
柩未冷，宮庭之間，又演出慘劇。」這慘劇，首先表現在
對一個婦女身上，即太祖的妃子。

《滿洲實錄》中清太宗皇太極射殺囊奴克圖

五

大福晉殉葬疑案

　　太祖的孝慈皇后是葉赫部的首領楊吉砮[1]幼女，姓納喇氏，名孟古姐姐，十四歲嫁太祖，這就是後來繼位的清太宗皇太極的母親。後又娶另一納喇氏阿巴亥，年才十二歲，少於太祖三十歲。她是烏拉部首領布占泰的姪女，而布占泰卻是太祖女婿。阿巴亥生下三個兒子：阿濟格、多爾袞、多鐸。她長得很漂亮很伶俐，孝慈后死後，即立為大妃（皇后）。

　　可是《滿洲老檔祕錄・大福晉獲罪大歸》中卻有這樣一段戲劇性的記載：

1　楊吉砮後來被明將李成梁所殺，兒子納林布祿繼為貝勒，也為成梁襲破，而太祖年輕時又曾被成梁撫養。孝慈后病重時，想見一見她的母親，太祖遣使臣往迎，納林布祿不允許。這是因為仇恨李成梁而遷怒於太祖。

太祖另一個妃子泰察氏，先已向太祖舉告宮婢納札與人私通事。到天命五年（一六二〇）三月，又向太祖告發，大福晉（指阿巴亥）給了大貝勒兩次酒食，大貝勒都接受了，給了四貝勒一次酒食，四貝勒受而未食，而且曾二三次遣人到大貝勒家，還曾深夜出宮二三次。太祖聞言，便命侍衛徹查，得悉泰察並非誣告。

代善是元妃佟佳氏所生兒子。佟佳氏是最早歸太祖的一個妻子，代善之兄為褚英，因褚英被太祖處死，代善便當作長子，故稱大貝勒。四貝勒指皇太極，皇太極為太祖第八子，他在「四大貝勒」中為第四名，故稱四貝勒。

太祖起先說過，他若逝世，即將福晉及她所生諸子託付大貝勒，所以大福晉傾心於大貝勒。每值賜宴會議之際，必艷妝往來大貝勒之側。眾貝勒、大臣雖微有所知，只是私自腹非，不敢直告太祖，生怕冒犯大福晉和大貝勒。

太祖不想以此曖昧事加罪大貝勒，便藉口大福晉竊藏金帛，派人查抄，查抄的官吏至界凡[1]，大福晉急以金帛三包，送至侍衛扈爾漢所居山上，後為扈爾漢發覺，告訴太祖。太祖立即派人往山上查察，果然屬實，便將扈爾漢

1　界凡，原為太祖攻明時一個重鎮，在遷往遼陽前，他就駐在界凡。

家中收容財物的奴婢殺死。蒙古福晉又告小阿哥家也藏有
彩帛三百端，大福晉娘家也抄出銀錢滿箱。大福晉還以
朝服私給參將之妻，以財物私給村民。太祖大怒，便以大
福晉罪狀告知眾人。這時大福晉遺留宮中的衣物，已經不
多了。

　　大福晉個人有這麼多財物，正見得太祖平日擄掠之
多，她可以隨意分送別人，又見得大膽專擅，而這自然因
為向來恃寵的緣故。

　　太祖因皇妃泰察不避嫌怨，首先舉發，故而寵愛，命
她侍膳。對大福晉的處置，「實屬罪無可逭，惟念三子一
女，遽失所恃，不免心中悲痛。姑寬其死，遣令大歸」。
這是說，大福晉的罪狀全由於私藏金帛，擅自授受，最後
則以驅逐了之，想必為了家醜不可外揚之故，對大貝勒代
善故也未加處分。

　　不僅如此，大福晉後來又回到太祖身邊。天命六年四
月，「汗（指太祖）之大福晉來遼東時，放在皮箱裏之假
髮等零碎什物失落了。居瀋陽城東伊邊屯一名叫袁豐明者
於四月十六日前來告稱：（此物）為別的漢人拾得了。汗
曰：即為我所恩養之人前來稟報，賞銀五兩。」假髮是因
為滿族婦女須籠大髻之故，可見大福晉的「大歸」只有一
年光景。她嫁太祖時，孝慈后還在世，兩個夫人之間的對
立是不難想像的。孝慈后一死，她便立為大妃。當時太祖

的福晉很多，為什麼偏偏看中她，可見她自有為太祖喜愛之處，皇太極對她的忌妒也是不難想像的。

到了太祖死後，大福晉和她三個兒子，便成為孤兒寡婦，阿濟格只有二十一歲，多爾袞十四歲，大福晉的悲慘末日跟着到來了。

據《清太祖武皇帝實錄》：

（孝慈后）崩後復孝慈高皇后謚冊。立兀（納）喇國滿泰貝勒女為后，饒丰姿，然心懷嫉妒，每致帝不悅，雖有機變，終為帝之明所制，留之恐後為國亂，預遺言於諸王曰：「俟吾終必令殉之。」諸王以帝遺言告后，后支吾不從。諸王曰「先帝有命，雖欲不從，不可得也。」后遂服禮衣，盡以珠寶飾之，哀謂諸王曰：「吾自十二歲事先帝，豐衣美食，已二十六年，吾不忍離，故相從於地下。吾二幼子多兒哄（多爾袞）、多躲（多鐸），當恩養之。」諸王泣而對曰：「二幼弟吾等若不恩養，是忘父也，豈有不恩養之理？」於是，后於十二日辛亥辰時自盡，壽三十七，乃與帝同柩，巳時出宮，安厝於瀋陽城內西北角。又有二妃阿跡根、代因札亦殉之。

這部太祖實錄是各版中最早的一種，尚未刪改，這一段又很質樸地記載了一幕活生生的人間慘劇。

　　活人殉葬本是蠻性的遺留，這種殘酷的風俗遠在殷代已經盛行。鄭天挺《探微集》中曾舉清太宗死，二章京殉死，世祖死，棟鄂妃殉死，孝慈后死，太祖命四婢殉之，多爾袞死，侍女吳爾庫尼殉死等事件。可見妻妾殉夫，奴婢殉主，是滿洲的舊俗，並不限於殉君上。殉葬的理由是赴陰間去侍候主子，皇帝對后妃其實也是主子。其中有的是自願的，有的是強迫的，自願者恐也是極少數。太祖大臣雅蓀，曾自誓欲殉葬，後又圖謀逃奔，為太宗所殺。

　　但從上述《實錄》首段來看：太祖恐怕大福晉日後將亂國，所以「俟吾終必令殉之」，那等於太祖預謀要殺死大福晉了，後段又謂大福晉說「吾不忍離，故相從於地下」，豈非自相矛盾，欲蓋彌彰？大福晉如不死，阿濟格、多爾袞的年齡雖比皇太極少，但憑她的才能，使兒子踐位為君，頗有可能，所以對太祖「遺命」，學者曾有懷疑。

　　太祖病重時，為什麼又召大福晉來？是不是特地要她來殉葬？這是很難說得通的。太祖晚年，對過去幽弟殺子的舉措已隱感痛心，不至再有這樣忍心的「遺命」。多爾袞是他心愛的兒子，他怎麼會讓十四歲的兒子成為無父無母之人。他對大福晉還是有感情的，大福晉和代善有曖昧關係當是事實，要殺早就殺了。病重時要她前來，自是商量身後之事。

日本稻葉君山《清朝全史》（但燾譯）第十二章，對此事曾有評論：

> 吾人推求其故，當由於太宗爭奪汗位，出此隱謀。謂出於太祖之遺言，其實與事實上適相違反也。就朝鮮所聞，則太祖臨死時謂貴永介（指代善）曰：「九王（指多爾袞）當立而年幼，汝攝位後，可傳九王也。」貴永介以嫌疑，遂讓洪太氏（指皇太極）。……是太祖欲以最寵所出之多爾袞繼汗位，因子幼母寡，暫以長子攝位，其心苦矣。然而太宗前半生之骨肉相賊（殘），禍因亦自此始。

文中的「就朝鮮所聞」，是指朝鮮人李肯翊所著《燃藜室記述》[1] 二十七所記，但這時多爾袞地位還不高，還未成為一個旗主，所以太祖已有傳位於多爾袞之意未必符合事實，不過，他的能幹的生母大福晉如活下去，對皇太極自必成為一種威脅，稻葉氏推測逼繼母殉死，出於皇太極爭位的陰謀卻是很有道理的。

總之，大福晉的被迫自盡，反映了宮闈之間十分尖銳的皇權之爭，也可說是政變的隱蔽表現。

順治是清太宗皇太極的兒子，孝慈皇后的嫡親孫子。

1　《清人入關前史料選輯》第一輯。

多爾袞是大福晉的兒子。這兩位皇后都姓納喇氏。入關以後，她們都已身歿，而屬於這兩個女人系統的明爭暗鬥，卻仍很激烈，順治的生母，卻又有下嫁多爾袞的傳說。民間本有「清官難斷家務事」的諺語，到了宮闈之間，又介入政權的爭奪，更顯得錯綜複雜了。

赦命之寶

六

從政敵到擁立

　　太祖生前，對自己能否必成帝業本無把握。他逝世時，明朝還是天啟七年（一六二七），所以，他也未曾有建儲繼立的明文。他起先曾屬意於長子褚英，褚英不得其死，便令次子代善執政，可是代善又與大福晉發生了曖昧關係。其次，代善的住宅比太祖宮室講究，眾貝勒要代善遷出，作他們宴飲、集會的衙署，代善不肯，因而又招致太祖的不滿。還有，代善次子碩托投明未遂，太祖得悉這是因為代善聽信後妻讒言，要殺死碩托，迫使碩托欲叛逃，諸貝勒大臣所以不說話，是因害怕代善夫婦之故，太祖便斥責代善：「像你這種人如何夠資格當一國之君？」

　　這是代善所以為太祖憎惡的原因。

　　據《太祖武皇帝實錄》：天命七年（一六二二），八固山王（即八和碩貝勒）等問太祖，我等何人可嗣父皇。太祖說：「繼我而為君者，毋令強勢之人為之。此等人一

為國君，恐倚強恃勢，獲罪於天也。八固山王，爾等中有才德能受諫者，可繼我之位。」下面則申闡八固山王共理國政的好處，也即八旗自決的重要性。

孟森《八旗制度考實》說：「此段文字為太祖制定國體之大訓，非太宗所心願。」這分析是很中肯的。

後來太祖逝世了，據王氏《東華錄·太宗》，是這樣記載着：

> 大貝勒代善長子岳托、第三子薩哈廉告代善曰：「國不可一日無君，宜早定大計。四貝勒才德冠世，深契先帝聖心，眾皆悅服，當速繼大位。」代善曰：「此吾素志也。天人允協，其誰不從？」次日，代善書其議，以示諸貝勒，皆曰善。

下面記太宗（皇太極）再三辭謝，眾人堅請不已，才始答應。此亦歷來之官樣文章，在官樣文章的背面，我們所見到的，卻是代善與太宗皇太極之間的矛盾，早就很尖銳了。

太祖生前，固未明言將傳位於太宗，但後期對太宗確有偏愛，這自必引起代善的猜忌。天命四年薩爾滸之戰，代善請示太祖後，揮師東向，太宗卻不顧太祖的勸阻，搶戰於代善之前，沖上山崗立功。亦見太宗咄咄逼人之勢。

　　而最突出的是天命六年九月，太祖向其親信阿敦（太祖從弟）詢問諸子中誰可繼位，阿敦起先不敢明白表示，只說「知子莫若父，誰敢有言？」太祖要他直說，他便說：「智勇俱全，人皆稱道者可。」太祖知道這是指太宗。

　　這次密語卻為代善得知，因而對太宗「深銜之」。阿敦又密告代善說：皇太極和莽古爾泰、阿濟格要殺害你，事機緊迫，須加防備。代善乃向太祖哭訴，太祖將莽古爾泰等三人招來，都矢口否認。太祖以為阿敦在挑撥離間，便將阿敦逮捕，指責他「講有損國政的話，另講其他諸小貝勒的壞話」。諸貝勒、大臣主張將他打死在八旗內，太祖卻命人將他拴上鐵鎖監禁起來。

　　代善為什麼要「深銜之」？自然是自己很想繼承父位，這時惟一能和代善抗爭的只有太宗。《滿文老檔・太祖朝》還記載三等副將博爾晉到監禁地方，當着莽古爾泰的面為阿敦鳴不平，責問諸貝勒不應以太祖之好惡而轉移對阿敦的態度，博爾晉何以如此大膽？此事連朝鮮使臣鄭忠信都知道，還說皇太極雖英勇超人，但內多猜忌，「潛懷弒兄之計」，這和阿敦密告，皇太極要殺害代善的話也是符合的。但阿敦既對太祖暗示皇太極可嗣位，似於皇太極有好感，為什麼後來又向代善密告？這一點卻很使人費解。

1　見吳晗輯《朝鮮李朝實錄中的中國史料》第八冊。

不管怎麼說，太宗和代善的兄弟之間的關係，在太祖生前已經十分惡化，卻是不爭的事實。

王氏《東華錄》所記代善擁立太宗，固非虛構，可是這時已是大勢所趨！太宗的實力已遠過於代善，代善在大福晉事件上恐也聲譽下降，不為清議所容，因而只能擁立。

太宗即位後，逢到朝會行禮，代善、莽古爾泰一同隨太宗南面坐受諸大臣朝見，後因莽古爾泰犯有「御前拔刃罪」，諸貝勒因言，莽古爾泰不當與皇上並坐，太宗說：「曩與並坐，今不與坐，恐他國聞之，不知彼過，反疑前後互異。」隨即命代善與眾共議。太宗為什麼要指定代善與眾共議？代善當然很明白，因為莽古爾泰今後不能再並坐，已是不在話下了，那麼，能並坐的只有代善一人了。代善主動說：「我等奉上居大位，又與上並列而坐，甚非此心所安。自今以後，上南面居中坐，我與莽古爾泰侍坐於側，外國蒙古諸貝勒，坐於我等之下，方為允協。」眾貝勒皆贊同，從此便徹底改變過去八貝勒共議國事的遺制。

這件事情的起因，原只對付莽古爾泰一人，結果卻一箭雙雕，把代善也和平地拉了下來，太宗之權謀亦可於此見之。代善自此處處小心，謹守君臣之分，太宗卻步步為營，對代善戒忌深嚴。

　　天聰九年（一六三五），太宗把歸順的蒙古察哈爾汗的伯奇福晉賜豪格（太宗第一子）為妃。豪格本有妻子，就是太宗姊姊（哈達公主）莽古濟的女兒，莽古濟因而怨恨太宗，憤曰：「吾女尚在，何得又與豪格貝勒一妻也？」有一次，她路過代善營前，代善請她入內，款待饋贈。這原是兄妹之間的尋常往來。太宗卻聞而大怒，派人往代善及其子薩哈廉處責問：莽古濟在太祖時專以暴戾譖毀為事，代善原本與她不和睦，但因她怨恨太宗之故，便將她請至營中宴飲，「先時何嘗如此款贈耶？」薩哈廉統攝禮部，知其事匿而不奏聞。又說太宗喜歡的人，他厭惡，太宗厭惡的人，他卻喜歡，豈非有意離間？

　　其中還舉了這樣一件事：濟爾哈朗（太宗從兄）妻亡後，因察哈爾汗之妻蘇泰太后，是他亡妻之妹，欲娶之，諸貝勒以其言奏聞，已獲太宗同意；代善卻「獨違眾論」，必欲娶蘇泰太后，且屢向太宗言之，「誠心為國者固如是乎？」以此而譴責代善之非「誠心為國」，實在滑稽。又如太宗曾遣人令代善娶察哈爾囊囊福晉（已婚的婦人），代善卻嫌她貧窮而拒絕，太宗又責問道：「凡娶妻當以財聘，豈有冀財物而娶之之理乎？」

　　此兩事見於王氏《東華錄》，使人如讀稗官野史，太宗卻以此作為責罰代善輕蔑君主的罪名，也說明當時滿洲王公貴族的娶妻觀念，極為隨便，身為國君，竟會允許其

宗室娶亡國的蒙古部族的太后，且因此而引起一件公案，如果出於明朝的國君，就要被看作昏君了。

諸貝勒、大臣將代善的罪狀列為四條，並擬議革去代善和碩貝勒名號，另加處罰，太宗則從寬只罰銀馬甲冑。

崇政殿匾額。崇德二年（一六三七），太宗御崇政殿，又諭責代善在入侵朝鮮時，違旨以所獲糧米餵馬及選用護衛溢額，凡事越份妄行，下面又舉了代善種種過錯，其中說：「夫好行不義，雖恭敬，朕亦不喜」，又說：「不然，陽為恭敬，陰懷異心，非朕意也。」從這裏我們也可看到，代善當時對太宗是很恭敬的，太宗卻以為是虛偽的，甚至是另有「陰懷」的，那就無法說得明白了。有一點卻是明白的：代善起先曾是太宗的政敵，後雖擁立，但太宗意識中仍有潛在的敵情，故而必須挫損他的威信，遏制他的勢力，所以連以糧米餵馬也要看作罪名，雖然這是「違旨」的，但違旨的事情何止這些。然而從政爭的眼光來看，這一切也有它的必要。

代善隨太祖征戰以來，也是父子兵中的驍將，可是在運用權謀和手腕上，太宗就要高出許多。

七

家奴告主釀成大獄

　　莽古爾泰是太祖第五子，太宗異母兄。母親富察氏，名袞代，原為再嫁之婦。天命五年（一六二○），以得罪太祖死，得罪的原因不詳。有些書上，將她與代善有曖昧關係的大福晉納喇氏混為一人，這是錯誤的。因為納喇氏發生這一事件時，富察氏已經死了。[1]

　　莽古爾泰是正藍旗旗主，四大貝勒之一。上篇中曾說他起先和太宗、代善同坐而受大臣朝見，足見他在當時滿洲政權中的地位。太宗誓告天地時，有我若不敬兄長，不愛弟姪，「天地鑒譴」語，這雖是即位之初，亟欲皇族內部共濟國政的籠絡性的話，但也意味着此時太宗與莽古爾泰等尚是平等的兄弟關係，而三大貝勒也儼然以父兄資格

1　詳見《清代帝王后妃傳》中沈長吉、王佩環《從烏拉納喇氏殉葬看清初皇權鬥爭》一文。

「善待子弟」（小貝勒），自也非太宗所樂聞。

　　太祖在世時，對汗位的繼承，莽古爾泰傾向於太宗，而反對代善，其中也含有自己繼位的私人意圖，因為論年齒，代善長於莽古爾泰，莽古爾泰又長於太宗，代善若不嗣位，莽古爾泰尚有希望。後雖和諸人共擁太宗，而兩人間的傾軋也逐漸加深。

　　但莽古爾泰在四大貝勒中，卻是戰績平庸，有勇無謀的人，朝鮮使臣鄭忠信，就說他在太祖諸子中乃「無足稱者」。他與太宗的衝突，表現得最露骨的是天聰五年（一六三一）大凌河之戰時，事見王氏《東華錄》。

　　莽古爾泰與太宗因差遣人員事發生爭執，太宗憤而欲乘馬離去，莽古爾泰說：「皇上宜從公開諭，奈何獨與我為難？我正以皇上之故，一切承順，乃意猶未釋，而欲殺我耶？」言畢，舉佩刀柄前向，頻摩視之。其同母弟德格類斥以「舉動大悖」，以拳毆之，莽古爾泰遂抽刀出鞘，德格類推之而出。事後，太宗怒責眾侍衛曰：「朕恩養爾等何用，彼露刃欲犯朕，爾等奈何不拔刀趨立朕前耶？」到了薄暮，莽古爾泰率四人，往太宗營前奏曰：「臣以枵腹飲酒四巵，對上狂言，竟不自知，今叩首請罪於上。」後經眾議，革去大貝勒名號及其他處罰。

　　這時太宗即位已五年，如果不是平日積怨深久，何至不惜冒大逆的罪名，用這種行動對付太宗？至次年十二

月，莽古爾泰即因氣憤暴卒，年四十六。

一年後，莽古爾泰所屬的正藍旗固山額真[1]覺羅[2]色勒，率領大臣及親戚二十五人，為莽古爾泰掃墓。祭畢，強謁莽古爾泰福晉獻酒，並有很多人大醉。事為太宗得知，乃召集大臣會議。眾議色勒醉於福晉前，失禮，擬斬；福晉於掃墓時不知哀戚，不禁止男子至內飲酒，擬處刑。太宗從寬免死，命諸福晉前往唾面辱罵。大家可以想像，這種羞辱是很難承受的。又可看到，正藍旗人員對故主莽古爾泰還是非常尊敬、悼念的，因而有後面敍述的大厮殺事件。

莽古爾泰之妹莽古濟[3]，曾嫁蒙古敖漢部長瑣諾木。她有個家僕冷僧機，雖出身卑微，卻機靈狡點，善於鑽營取巧。這時莽古爾泰和弟德格類相繼身亡，冷僧機便往營部首告，説：莽古爾泰兄弟、莽古濟夫婦及屯布祿、愛巴禮、冷僧機本人跪焚誓詞，「言我莽古爾泰已結怨於皇上，爾等助我，事濟之後，如視爾等不如我者，天其鑒之」。

莽古濟夫婦亦誓云：「我等陽事皇上而陰助爾，如不

1　額真，管旗的官員，後改章京，漢語為都統。

2　覺羅，意為宗族。

3　莽古濟原為哈達部落孟革卜鹵之妻，故稱哈達公主。後孟革卜鹵被殺，清太祖乃將莽古濟嫁與孟的兒子吳兒戶代。吳兒戶代死後，又嫁瑣諾木。她死時約四十餘歲。

踐言，天其鑒之。」（《清太宗實錄》）又説莽古爾泰密謀
要奪御座。在抄他家時，又抄出木牌印十六枚，上面刻的
都是「金國皇帝之印」[1]。最後，將莽古濟和兒子額必倫處
死，屯布祿、愛巴禮，並其親支兄弟子姪俱磔（陳尸）於
市，正藍旗併入太宗旗份。

冷僧機本人因為也曾參預密謀，眾議「以自首免坐，
亦無功」，可見大家對他原很鄙薄。太宗卻以為「冷僧機
若不首告，其謀何由而知？今以冷僧機為無功，何以勸
後？」覆議乃授冷僧機世襲三等梅勒章京，並給同案犯官
家產，免其徭役。過去，奴婢告主，為防家主報復，撥與
他人為奴。這次太宗一反常例，對冷僧機特別嘉獎，實也
表示對完成這一大獄的快意。

到了世祖時，冷僧機又竭力巴結多爾袞，盛稱擁立世
祖之功，一面卻挑撥世祖與兩黃旗大臣的關係。後來多爾
袞被削爵，冷僧機被看作黨羽而斬首，正如俗語所謂「瓦
罐不離井上破」。

太宗翦除莽古爾泰集團後，有五名「夷人」從本土
逃奔至明，宣府（府治河北宣化）巡撫陳新甲向投奔者
問「東奴消息如何」，回答道：兩家相爭廝殺！太宗將莽
古爾泰三個兒子殺死，還殺了當緊的夷人一千餘人，其餘

1　清太祖時曾稱國號為金，史稱後金。

人馬俱都收了，分在八哨官兒所管。[1]所謂夷人，其實便是原來的正藍旗成員，「當緊」是重要的意思。這說明正藍旗始終效忠於莽古爾泰集團，後來被併入太宗旗份下，仍不服帖，於是而引起反抗，展開厮殺，也是這次大獄的尾聲。

不僅如此，當莽古爾泰向太宗叩頭請罪後，代善之子岳托即為他鳴不平：「藍旗貝勒獨坐而哭，殊可憫，不知皇上與彼有何怨耶？」（《清太宗實錄》）其次，莽古爾泰之弟德格類被牽連時，眾貝勒聞而皆怒，惟獨岳托變色道：「貝勒德格類焉有此？必妄言也，或者詞連我耶？」

莽古濟的長女為岳托妻，次女為豪格（太宗第一子）妻。岳托為莽古爾泰、德格類鳴不平，恐也因為是莽氏女婿之故，所以太宗責他「偏聽哈達公主」（即莽古濟）。後來豪格以莽古濟欲害他父親（太宗），豈可與害吾父者之女同處，因而將其妻殺死。岳托聞訊後上奏說：「豪格既殺其妻，臣妻亦難姑容」。太宗亟遣人阻止。

這是政爭帶來的殘忍的變態心理，又說明當時婦女的悲慘命運，但岳托欲殺其妻卻是被動的。不久，他本人又因莽古爾泰案由王爵降為貝勒，罷兵部任。

1　見《明清史料甲編》所錄《宣約巡撫陳新甲塘報》。

　　岳托的妻子雖未被處死，卻常受歧視，動輒得咎。

　　崇德二年（一六三七），岳托在「暫令不得出門」期
間，蒙古卻送女與岳托為妻。第二年，這位新福晉卻向刑
部控告大福晉（即莽古濟之女），設食時「摘我額上一髮，
似是魘魅之術」。大福晉辯白說：「適見爾髮上有蟣子，
為爾捉之，誤摘爾髮，已於爾面前擲之矣。」刑部居然以
論死奏上。太宗說：大福晉的母親和妹妹（指豪格妻）已
因罪伏誅，我若處以重罪，她將說我因仇恨其母，故入其
罪，若從輕處置，她又怎能理會我的恩意？因而索性不表
態。於是諸權貴又議以魘魅罪而定斬不赦。最後還是太宗
降旨免死，但在家另室居住，不得至岳托所，岳托亦不得
往視。

　　事情很明白，這位新福晉是在打下馬威，結果達到了
目的，刑部諸公則是出於勢利，因為這時大福晉已經伶仃
一人，而且打入另冊了。

　　崇德三年，岳托在征明之戰中又被起用，連克十九
城。次年正月，在攻陷濟南後，因染天花病逝世，年
四十一歲，這時他父親代善尚在世。太宗聞而大慟，輟朝
三日，追封為克功郡王，其妻福晉從死。

　　誰知半年後，又被部下告發生前曾與莽古濟丈夫瑣
諾木（即岳父）入內室密語，太宗也責他萌不軌之心。代
善等以為「當按律懲治，拋其骨，戮其子」。太宗以其已

死，免於追究。後至康熙、乾隆時平反，清廷為他立碑紀功，配享太廟，入盛京賢王祠。

宮廷的派系，政海的風波，一向複雜險惡。莽古爾泰集團不甘屈服於太宗而懷異謀，也是事實，只是生前政變未遂，身後大獄踵起，而捲入在這一漩渦中的人處境極為艱難，岳托的大福晉就是悲慘的一個。

皇帝奉天之寶

八

另立門戶身死牢獄

太祖同母弟舒爾哈齊被幽禁而死,已詳於《宮廷政變的邊緣》一節,到太宗時,舒爾哈齊的次子阿敏,也被囚禁而殞命了。

阿敏是太宗堂弟,為清入關前四大貝勒之一。按照齒序,他居莽古爾泰、太宗(皇太極)之前,稱二貝勒,任鑲藍旗主旗貝勒。天命六年,太祖和子姪八人焚香告天,儆戒子孫,勿自相操戈,其中即有阿敏,可見他當時地位的重要。

舒爾哈齊欲攜所屬移居黑扯木,阿敏預聞此事,太祖怒而欲誅阿敏,賴諸貝勒勸解得免,但另立門戶的念頭,始終未曾泯滅,說明皇族內部的派系已在醞釀。

太宗即位,阿敏也附議擁立,可是當諸大臣哭太祖之靈時,阿敏卻派傅爾丹向太宗說:「我與諸貝勒議立爾為主,爾即位後,使我出居外藩可也。」實即想另立門戶。太宗深為駭異,並說:「若令其出居外藩,則兩紅、兩白

（應是兩黃，因正白旗為太宗統轄。）、正藍旗等，亦宜出居於外，朕統率何人，何以為主乎？若從此言，是自弱其國也。」他又問阿敏之弟濟爾哈朗，濟爾哈朗說：「彼曾告於我，我以其言乖謬，力勸阻之，彼反責我懦弱，我用是不復與聞。」阿敏的親信亦行為反常，語言乖異，揚言「誰畏誰，誰奈誰何？」（見《清太宗實錄》）可見兩派劍拔弩張之勢。濟爾哈朗勸阻阿敏，阿敏反責其懦弱，尤見其悻悻然之狀。

天聰元年（一六二七），阿敏率大軍征朝鮮，朝鮮國王李倧派人議和時，貝勒岳托等鑒於清之御前軍很少，蒙古與明朝又是西南的威脅，必須防備，故於和議後即想班師，阿敏卻因愛慕明及朝鮮城郭宮殿，一定要到王京。朝鮮降將總兵官李永芳勸阻他，卻被怒斥：「我豈不能殺爾蠻奴，爾何得多言？」並對其姪杜度說：「他人願去者去，我叔姪二人，可同住於此。」杜度為被太祖處死的褚英之子，用意自為離間杜度和太宗的關係，杜度卻不答應。

當時七旗大臣皆欲班師，只有阿敏的鑲藍旗大臣顧三台等附和，說明鑲藍旗將士已成為他的嫡系，更助長他擁兵自尊的野心。

後來阿敏被迫班師，卻鼓動領兵諸將分路縱掠三日，所到之處，男女財畜，擄掠一空，這也是一種變態的泄憤心理，實際還是對太宗統治的不滿。這時太宗因即位未

久，故隱忍未發。

還師途中，將領將俘獲之美婦進獻太宗，阿敏欲自納之，岳托說：「我等出征，甚多奇物，聞朝鮮產美婦，故以此一婦進於上。」阿敏說：「汝父往蒙古，不嘗取美婦人乎？我取之，有何不可？」岳托說：「我父所得之婦，始獻之上，上不納，而分賜諸貝勒。我父得一人，汝亦非得一人乎？」後來阿敏又使副將求美婦，太宗說：「未入宮之先，何不言之？今已入宮中，如何可與？」阿敏為此而又有怨意。太宗聞知後說：「為一婦人，乃致乖兄弟之好乎？」索性賜給總兵官冷格云。

這其實是醜事，暴露了清軍軍紀的腐敗，並見得太宗本人也納俘獲的美婦，太宗卻作為阿敏十六大罪來宣佈。

天聰三年，太宗率重兵入邊，攻佔北京東北的永平、遵化、遷安、灤州四城，阿敏留守瀋陽。次年春，太宗命岳托、豪格等率軍先還，阿敏出迎，至御前馬館，留守大臣，坐於兩側，阿敏居中，儼然為國君，令兩貝勒遙拜一次，再近前拜一次，方行抱見禮。兩貝勒中的豪格為太宗之子。按慣例，諸貝勒大臣出師而還時，太宗也乘馬出迎，至御座方受跪叩，阿敏卻自視如君，欺凌諸貝勒。

太宗回瀋陽後，派阿敏、碩托率兵往代駐守永平之濟爾哈朗（濟爾哈朗為阿敏之弟），阿敏要求與濟爾哈朗同駐永平，太宗未予允許。臨行，阿敏對他叔父貝和濟說：

「皇考在時，嘗命吾弟與吾同行，今上即位，乃不許與吾弟同行。吾至永平，必留彼同駐，彼若不從，當以箭殺之。」貝和濟責他出言謬妄，阿敏攘臂說：「吾自殺吾弟，將奈吾何？」這又是針對即位不久的太宗的。

阿敏至永平時，鎮守官員來迎，張一蓋（作為儀仗的傘蓋，俗稱黃羅傘），阿敏怒曰：「漢官參將游擊，尚用二蓋，我乃大貝勒，何只一蓋乎？」遂策馬入城。他以漢官來對照，正見得對漢人的卑視。所以，他進入永平後，雖諭告城中漢民安心，心中卻深恨漢人，認為太宗攻明京城而不克，及克永平，就應殺其平民，還對士兵說：「我既來此，豈令爾等不飽欲而歸乎？」不久，阿敏即率兵四出擄掠，又將歸降的漢人驅至永平，分給八家為奴。

後來明軍圍攻永平，又發紅衣炮轟擊灤州，城樓火起，清軍潰圍而出，途中遇明軍伏擊，傷亡慘重，阿敏只得退出永平，還將新降漢官巡撫白養粹等殺死。

清軍大敗而歸，太宗將阿敏等拘押聽勘，一面召集諸貝勒大臣於闕下，會議阿敏罪狀。議畢，命岳托歷數十六大罪，說他「怙惡不悛，由來久矣」。上述這些情節，即是十六大罪中的重要部分（見王氏《東華錄》）。

諸臣擬議當斬，太宗赦其一死，送高牆禁錮，永不敘用。阿敏有田莊八所，打獵圍場三所，羊五百，牛二十頭，滿蒙漢人二十名，其子之乳母等二十人，都遭抄沒，

亦略見一個旗主擁有的財富。

三年後，漢降官談大受等，以阿敏自怨自艾，悔不可及，請太宗赦釋出獄，令其戴罪圖功，未予採納。

阿敏被囚十載，於崇德五年（一六四〇）卒於獄中，年五十四歲，結局與其父舒爾哈齊相似。

阿敏被幽禁時，其弟濟爾哈朗率弟篇古和諸姪發誓承認，他們父兄行為有過失，是自罹罪戾，「若我等以有罪之父兄為是而或生異心」，必將使之夭折。至此，太祖和舒爾哈齊，太宗和阿敏兩系的內訌，才算結束。

阿敏十六大罪，雖係太宗方面宣佈，但阿敏是一個頗有野心的貴族，則毫無疑問。狂妄自大，驕橫殘忍，他性格中這些壞的質素，因政爭而愈益滋長，又成為政爭中取敗之道。他與濟爾哈朗是同母弟，對太宗的態度卻不相同，主要原因恐由於他起先的地位權力要比其弟高得多，鑲藍旗對他又很忠誠，故得恃勢而驕。他是太祖之姪，自不可能直接奪取君位，因而一心想另立門戶，割據一方，和太宗對抗，所以為太宗所痛恨。由此又說明當時皇族內部傾軋的激烈，政變的火種，在關外時已經在斷續地爆裂着。永平的敗績，由政爭影響軍事，未始不是原因之一。

九

人亡爭興

　　崇德八年（一六四三），太宗在料理事務後，回到瀋陽皇宮，至亥時（晚上九十點鐘），端坐在南炕上突然死了，年五十二。有的書上説他無疾而終，有的按照現象説他暴逝，有的説他痰疾[1]致死，民間甚至説他被害而死，那是因為後來有孝莊太后（即他寵愛的莊妃）下嫁多爾袞的傳説而引起的。孝莊降嫁是否事實，另詳專文，但被害説絕不可信。太宗曾患過鼻出血，估計是中風。

　　次日，諸王大臣將太宗靈柩安放在崇政殿，舉哀三天。接下來的大事件是由誰繼承皇位。清人入關以前，皇位的繼承皆是由貴族們議立的。

　　據《清世祖實錄》，諸王公及文武羣臣，「以天位不

1　中醫學對痰疾的範圍的詮釋，不僅僅限於呼吸系統的分泌，也包括肺、脾、腎功能的失常，如眩暈、昏厥等。

可久虛，伏睹大行皇帝第九子福臨，天縱徇齊，昌符協應，爰定議同心翊戴，嗣皇帝位。」

福臨即世祖，也即順治，當時還是一個六歲娃娃。太宗生前並未明確指定，福臨是老九，怎麼會由他入承大統呢？

我們如果透過不知所云的官樣文章的紗幕，就可以窺見幕後即將展開的一場激烈火熾爭奪帝座的大決戰。決戰的主將有兩人，一是豪格，一是多爾袞，各自形成雄厚的集團。

豪格是太宗長子，多爾袞之姪。一生久經沙場，頗有弓馬之才，史稱其英毅多智略，而又容貌不凡，後晉封肅親王。在他祖父清太祖遺詔中，已列其名。明大臣洪承疇被圍於松山，豪格指揮大軍於深夜豎梯破城，承疇被俘而降。太宗在世時，太宗命豪格與濟爾哈朗、多爾袞、阿濟格共同理政，所以他早已躋身於清政權的領導核心。

太宗逝世後，諸王之覬覦帝位，連留在盛京的兩位朝鮮大臣都已在「馳啟」中明言「瀋中且有告變者」這樣嚴重的話，即是說，政變已在醞釀中。

由於豪格在諸王中具有許多優越的條件，除他自己的正藍旗外，太宗的正黃、鑲黃兩旗又誓立豪格。大臣如圖爾格（擁立豪格八大臣中的首腦）、索尼等八人即往豪格家中私相計議，共相盟書，願死生一處。豪格乃命何洛

會、揚善往告鄭親王濟爾哈朗說：「兩旗大臣已立定我為君，尚需爾議。」濟爾哈朗當即表示：「我意亦如此，但尚需與多爾袞商議。」（《清世祖實錄》）可見濟爾哈朗也是支持的，後來便成為他的罪狀。

多爾袞和多鐸統率的兩白旗，則主張立多爾袞，多爾袞審察當時形勢，沒有貿然答應。

太宗死後第五日，多爾袞召集諸王大臣，議立嗣君。一清早，兩黃旗大臣盟於大清門，令精兵護軍盛張弓矢，環立宮殿，氣氛十分緊張。

多爾袞徵詢黃旗大臣索尼意見，索尼說：「先帝有皇子在，必立其一，他非所知也。」所謂先帝之皇子，指的是太宗諸子，也即將多爾袞（太宗之弟）排除在外。禮親王代善認為豪格當承大統，豪格表示辭讓，這在當時不得不這樣表示，後來他是懊悔的。多爾袞隨即附應豪格之退讓。於是代善又說：「睿王（多爾袞）若允，我國之福，否則當立皇子。」代善已拋開豪格了。兩白旗則堅決反對豪格，豪格立而「我等俱無生理」。後來兩黃旗將領們，佩劍而前曰：「吾屬食於帝（太宗），衣於帝，養育之恩與天同大，若不立帝子，則寧死從帝於地下而已。」（《瀋陽狀啟》）仍然堅持應立太宗之子。到了這地步，多爾袞便提出六歲的福臨來。

這時太宗尚有七個兒子（原有十一子），有的年齡比

福臨大，如十七歲的葉布舒，十六歲的碩塞，有的太小，只兩歲，有的因其母出身低賤，本是有夫之婦，被俘入宮，而年齡在十六歲以上的，又不易支配。福臨只有六歲，母子二人，已成孤兒寡婦之身，多爾袞便可以輔政身份，玩幼主於股掌之上，為所欲為，所以主客觀條件都使他認為篡立不如擁立之合算。至於他這時是否已對福臨母孝莊太后有企圖，史無明文，不能臆說。

豪格奪位之謀雖未成功，多爾袞自然仍不會放過。順治元年，原來支持豪格的何洛會，告發豪格圖謀不軌，又曾說過多爾袞素來多病，豈能終攝政之事的話，又說「我（豪格）豈不能手裂若輩之頸而殺之乎？」（《清世祖實錄》）這話自然大不該，豪格差一點喪命，後廢為庶人。他的心腹俄莫克圖、揚善等被以「附王為亂」處死。

同年十月，世祖入主燕京，恢復豪格肅親王爵位，但多爾袞仍不予重用，始終將他看作一個宿敵。順治五年三月，豪格於擊滅蜀中張獻忠後凱旋回京，貝子吞齊即首告濟爾哈朗向與豪格擅謀大事，又曲徇豪格，牽連多人，濟爾哈朗被降爵罰銀，多爾袞又以豪格征四川時若干微末罪名，將他幽禁於獄中，豪格遂幽恨而死，豪格妃博爾濟錦氏也為多爾袞所納。野史說為佔其妻而殺其夫，固不可靠，但兩人早就相識是事實。豪格死於順治五年，六年十二月多爾袞的元妃死，七年正月即納豪格妻（實為姪

媳）。蛛絲馬跡，大可玩味。當初多爾袞派遣豪格往僻遠的川蜀作戰，原是別有用心，下面的將領又多是多爾袞仇恨的兩黃旗成員。

順治七年，多爾袞死，世祖親政，念豪格冤枉，復其王爵，後又為他立碑，文曰：「睿王攝政，掩其拓疆展土之勳，橫加幽囚，迫脅之慘，忠憤激烈，竟爾淪亡。」豪格子福壽乃襲父爵，改封顯親王。這時世祖才十二歲，未必懂得多、豪兩派的是非曲直，想來還是出於反多集團的當權者的劃策。

人亡爭興，是歷史上常見的現象，而帝位之爭，更是銜鐵血以俱赴，置身家於不顧。太祖朝是這樣，太宗朝也是這樣。於此還有使我們感慨的，無論是多爾袞或豪格，隨着權力慾望的膨脹，這些人的性格和心理，也發展到十分可怕的地步。以豪格來說，他的岳母莽古濟被太宗處死後，他竟將自己的妻子（即莽古濟女兒）殺死。後來被囚禁獄中時，又對人說：「將我釋放則已，如不釋放，勿謂我繫戀諸子也，我將諸子必以石擲殺之。」（《清世祖實錄》）「諸子」是指他自己的兒子。這是一種報復性的發泄，報復的對象應當是他的仇人多爾袞，對多爾袞既無法報復，便發泄在他親人諸子身上，卻又是一種何等可怕的心理。所以，豪格發動的這場政變要是成功，並由他即位為帝，他對付政敵的手段也一定非常橫蠻狠毒。

順治帝吉服像

十

政變中的插曲

清太宗死後，覬覦帝位的，多鐸也是其中之一。後來揚州十日的大屠殺，多鐸就是當時的主帥。

多鐸，太祖第十五子，太宗異母弟，母烏喇納喇氏，與多爾袞則為同母弟。在開國諸王中，多鐸是戰功卓著的一個。在八旗中，他是實力最強的正白旗的主旗貝勒。

多鐸是努爾哈赤的幼子，很受父汗寵愛，所以多鐸的親王府離太祖的皇宮最近。太宗改元崇德（一六三六），建號大清時，敘兄弟子姪軍功，多鐸封和碩豫親王，但冊封的敕諭卻說：「考核功罪，雖無大功於國家，以父皇太祖之少子封為和碩豫親王。」這等於是看在太祖情分上，並見太宗對這位弟弟的評價，多鐸也常與太宗對抗，如太宗深惡正白旗的喀克篤禮及其宗族，多鐸反加哀惜。元旦慶賀，卻以瘸馬進奉太宗。又愛玩女色伎樂。崇德三年，多爾袞率兵掠明，太宗親自送行，多鐸假託避痘，竟不相

送，就為了挾妓歌歡作樂，甚至披優伶之衣，學傅粉之態，這自然增加太宗的憎惡，但仍命他率師出征，期其立功自贖。多鐸後被明軍襲擊，乘機遠遁，乃被太宗處罰，降為貝勒，多鐸卻不服氣。

後因擊潰明總兵吳三桂，又與豪格等襲破松山，生擒明總督洪承疇，晉為多羅郡王[1]，但冊文中仍有「困錦州之三年，同和碩肅親王克取松山，爾雖無大功，念爾少弟」語，可見太宗對多鐸始終不作過高的評價，對將臣而說「無大功」，其實是在貶抑他。

太宗逝世，諸王對帝位躍躍欲試，多爾袞雖和多鐸同母，兩人感情素不融洽，多鐸卻與豪格（比多鐸長四歲）很親近。在議立嗣君時，多鐸曾勸多爾袞即位，這是否是他由衷之言，也是疑問。多爾袞猶豫未允，多鐸坦率說：「若不允，當立我，我名在太祖遺詔。」多爾袞說：「肅親王（豪格）亦有名，不獨王也。」（《清史稿・索尼傳》）多爾袞原意，當然不是要立豪格，多鐸因而頗為不快，並促成他和豪格之間的結託。

上文曾經提到多鐸性愛聲色，這還只是屬於狎妓。

---

1 太宗崇德元年，定貴族爵位為親王、郡王、貝勒、貝子、鎮國公、輔國公，皆冠寶石頂，以補服（前胸及背後綴有彩繡圖像的官服）、翎眼不同為差次。

世祖即位兩月後，他竟然謀奪大學士范文程之妻。文程由明之生員歸清，事在太祖時，深為太宗尊重，清人列為開國宰輔，年齡比多鐸大了十八歲，這時已是四十八歲，其妻的年齡當亦不小。其事載於《清世祖實錄》，非野史傳聞，則多鐸為人的荒唐尤可想見。

事情發覺後，多鐸罰銀一千兩，並奪十五牛錄[1]。豪格知其事而不舉發，罰銀三千兩。這件事起先只有豪格一人知道，可見兩人關係的密切，而豪格所罰之銀反過於主犯三倍。不久，豪格和多鐸外出放鷹，日久始歸，多鐸又獵於山林禁地，豪格不予制止，因此又被議罰。這對他們原是小事，卻說明兩人行跡之密。

當鄭親王濟爾哈朗議立豪格時，多鐸曾加阻止，後來頗為懊悔，曾對豪格說：「由今思之，殆失計矣。今願出力效死於前。」（《清世祖實錄》）這話也是半真半假。世祖未即位時，帝位尚在明爭暗鬥中，還不知鹿死誰手，多鐸自不希望豪格取得，如今大家都失敗了，便興同病相憐之感，不惜用誓言討好昔日之政敵。人情翻覆，恩怨由利害而轉移，在政爭中原是常見的事例，同時反映了失敗者的真實心理。

1　牛錄，一種軍事編制，三百人為一牛錄，為八旗組織的基本單位。

順治二年（一六四五），清軍分二路南下。四月十五日，南明降將接引清軍至揚州城下，多鐸數次遣人招降明督師史可法，皆被嚴拒。二十五日，清軍以紅衣炮轟城，城之西北角崩裂，史可法知大勢已去，即持刀自刎，為參將許瑾雙手抱住而未死，被清軍執送多鐸軍前，終於不屈而死。多鐸遂下令屠城，至四月底封刀，據《焚戶簿》所載，死者已有八十餘萬之多，其他被擄掠及自殺者還不在內。唐杜荀鶴有一首名篇《再經胡城縣》云：

去歲曾經此縣城，縣民無口不冤聲；
今來縣宰加朱紱，便是蒼生血染成。

胡城縣在今安徽阜陽西。這雖是詠晚唐的事，但同樣適用於其他朝代。清代官員帽頂以紅為貴，其間也不乏以老百姓之血染成的。

史可法死後，家人曾覓其遺骸，因天暑蒸變，無法辨識。至次年，乃將可法的袍笏招魂葬於揚州城外的梅花嶺。乾隆時，詩人蔣士銓有詩弔之云：

號令難安四鎮強，甘同馬革自沉湘；
生無君相興南國，死有衣冠葬北邙。

碧血自封心更赤，梅花人拜土俱香；

九原若遇左忠毅，相向留都哭戰場。

左忠毅指左光斗，可法之師。光斗為閹黨構陷下獄，將死，可法賂獄卒視之，光斗怒曰：「國家之事，糜爛至此，老夫已矣，汝復輕身而昧大義，天下事誰可支持者？」可法趨出，常流涕以語人曰：「吾師肺肝，皆鐵石所鑄造也。」後來可法奉檄守禦張獻忠部隊，自坐幄幕外，寒夜起立，衣甲上冰霜迸落，鏗然有聲，有人勸他少休，他說：「吾上恐負朝廷，下恐負吾師也。」

梅花嶺下的史公祠，也有一名聯為人傳誦：

數點梅花亡國淚

二分明月老臣心

到了丙午之變，史可法卻成為問題人物，他的揚州衣冠塚，也遭洗劫，理由就因為他曾抗擊張獻忠部隊。

當多鐸血洗江南時，又在南京縱其淫欲。近人胡蘊玉（樸安）曾錄《多鐸妃劉氏外傳》一篇（見《清季野史》）。據小引說，係根據墅西逸叟原作而加刪節。《外傳》中記虞山富商黃亮功遺孀劉氏，年已三十五，被旗兵所擄，送至南京豫王府，多鐸見劉有艷色，乃納之。次年生一子，

多鐸入南京圖

多爾袞像

即冊立為妃，胡氏因稱「亦《飛燕外傳》之流亞也。」《外傳》又說「是時壬年四十 [1]」，此事雖見於野史，但和多鐸的行事看，或非虛構。並說明嗜殺與嗜色，幾乎成為當時滿清貴族的特徵，這時更以征服者的淫威，把所謂女子玉帛當作戰利品了。

多鐸在清初宮廷政變中並不是重要角色，他的一些活動，只能說是插曲，多爾袞還一直想籠絡他。順治六年，病逝於北京，年三十六。順治九年，以多鐸「罪狀雖未顯著，然與睿親王係同胞兄弟一體無異」，降為多羅郡王，卻是受了多爾袞案的牽連，因而還是沾了政變的邊。至乾隆時，才予昭雪，恢復原封，並配享太廟。

1　實誤。多鐸死時只三十六歲，這時應是三十二歲。

十一

墨勒根親王搶北京

清代第一個入關君臨中國的是誰？自然是六歲娃娃世祖福臨（即順治帝）。但他其實是一個影子皇帝，真正君臨中國的是他的叔父睿親王多爾袞。多爾袞後來位居攝政王，被稱為皇父。

他是一個梟雄，挾天子以令諸侯，卻又為愛新覺羅的天下創立了突出的功業，要比他在關外的父兄成就更大，統治的領域更廣大，而他的壽命卻比父兄短促。

多爾袞是清太祖第十四子，朝鮮人稱為九王。[1] 十五歲時父親逝世，母親被迫殉葬。他的同母兄弟是阿濟格和多鐸，據說太祖曾屬意於他繼位。

太祖死後，諸王皆成孤兒。這一點，所有兒子是相

1　當時的序列，只就同爵秩者的年齒定先後，不以太祖之子為限。詳見鄭天挺《探微集》。

同的。然而，生母活活地被強迫自殺，在他少年的心靈上不可能不受到創傷，同時，皇位傳給他異母兄皇太極（太宗），這對他又是強烈的刺激（兩人相差二十歲）。這些因素，對他性格上的發展都是很重要的。

太宗逝世，諸王爭奪帝位，宮廷政變的風暴接踵而來，他審度形勢，覺得由自己稱帝，後果並不有利，必會引起兩黃旗等的反對，所以最後由福臨踐位。多鐸就尖銳地問道：「汝不即位，莫非畏兩黃旗大臣乎？」（《清世祖實錄》），可謂誅心之論。

在定議立世祖後兩天，禮親王代善（多爾袞異母兄）的兒子碩托、孫阿達禮（碩托之姪）又圖謀推翻成議，擁立多爾袞，多爾袞立即將他們下法司，使用野蠻手段，將兩人露體綁縛處死，並株連阿達禮之母、碩托之妻一同縊殺，有一太監和一朝鮮婦人，因參與其事也被斬首。碩托欲擁立的消息是代善告訴多爾袞的，代善是不願意多爾袞為帝的，這中間迷霧似的內幕，今天已無從確悉，但也不妨設想：代善之大義滅親，無異向多爾袞將了一軍，逼着他表態，多爾袞為了表明自己矢忠於幼主，只好將碩、阿作犧牲品。當時不贊成世祖繼統的不止一二人，只是動機不同，如鎮國公艾度禮，即因世祖太幼小，由鄭親王濟爾哈朗、多爾袞二王輔政，「今雖竭力從事，其誰知之？」就是害怕二王日後專權。從這一意義上

説，艾度禮的不贊成幼主為帝，並非沒有理由，而且後來果然被他説中了。

所謂二王之一的濟爾哈朗（太祖之姪），對多爾袞即很有戒心，曾對吏部承政巩阿岱（宗室）説：「皇子即位，更復何言，惟以他人篡奪為憂。」這話針對何人，不説自明。巩阿岱便去告訴多爾袞，多爾袞自然懷恨在心。二王的結怨相傾，一直延續到多爾袞死後。

總之，太宗逝世之後，多爾袞不奪帝位而奪實權，不知經過多少曲折而激烈的鬥爭，流過多少人的鮮血，他後來高踞皇父的尊位，正是穿過火海成為鐵腕人物的。

他先以攝政王之尊，獨攬大權，「刑政拜除，大小國事，九王專掌之」。（《瀋陽狀啟》）又以「盈庭聚訟，紛紛不決，反誤國家政務」為由，罷諸王貝勒管理部院事務，規定各衙門辦理事務，凡應奏聞或記入檔案者，皆須先啟知多爾袞。這樣，既削弱了諸王的權力，又使濟爾哈朗退居於下（名次本在多爾袞之上）。順治元年（一六四四），禮部議定攝政王居內及出獵行軍的儀節，諸王不得平起平坐。

順治元年五月，多爾袞前往北京，以周公輔成王自居，部下請他乘前明皇帝御輦，他先自推辭，後便乘登，由長安門進入皇宮，再入武英殿，受前明官員七八千人的朝拜。這時世祖與濟爾哈朗尚在關外，內外政令均由多爾

五月二十九日大學士等入見戶部官家事畢

王上曰近覽章奏臺以剃頭一事引禮樂剃度為言甚屬不倫

本朝剃度柰與禮樂剃度今不遑

本朝剃度必欽從明朝剃度是誠何心若云身體髮膚受之父母不敢毀傷猶可言

理若薙言禮樂剃度此不通之說子一何慮覽羣臣頫其目俱不願剃頭者

不類今覽紛紛如此說便談

傳音呼官民盡剃剃頭大學士等奏言

王上一問情愛庶民盡身感仰況指日江南況一遷遲

王上寬容又吏部承容看山東処樂方大歡擬章職為罡

王上頫問大學士等曰談如何處大學士等言方大歡此事錯誤談處但念為地

方亦有勤勞或從降處

王上問如何降處大學士等言前朝有降調有亰有降一二級照舊者

王上遷實降為是舉降兵遵用大學士等恭要降兵遵須更調地方名在本處

恩無覲面展卯名果能作好官遵可照舊遷撫

王工又諭卻察院飭率

音柰看談有一定處法如何二三其說以後遵該束公執法以墨職事大學士間　砚客

賜茶趙出

敷率

學士孚若琳恭記

《多爾袞攝政日記》書影

衰於北京發之，所以刑部同戶部會議題本中有「墨勒根[1]親王搶北京」之語。

八月二十日，世祖及諸王大臣、兩宮眷屬自瀋陽啟程。九月，車駕抵通縣，多爾袞率諸王公迎駕，先向皇太后行三跪九叩禮，然後向幼主三跪九叩。十九日下午，世祖自正陽門（即前門）入宮。十月初一日，正式即帝位。世祖賜多爾袞嵌有十三顆東珠[2]的黑狐皮帽、黑狐皮大衣及金銀、鞍馬、駱駝等。

這以後，他就對兩黃旗進行打擊和分化，對異己的王公予以制裁，兩黃旗大臣又因多爾袞的分化紛起內爭，黃旗的大臣譚泰、圖賴等後來便成他的親信。兩黃旗侍衛本為清帝護軍，多爾袞通過譚泰、拜尹圖便將兩黃旗侍衛置於自己控制之下，錫翰、冷僧機等竟「散遣皇上（世祖）侍衛大臣等，徑送聖躬至睿王處」。

濟爾哈朗本與多爾袞一同輔政，到了順治四年，遂不令他輔政，而以多鐸為輔政叔王。次年，又羅列十幾條罪狀，降濟爾哈朗為郡王。不久，濟爾哈朗離開京城，率兵攻打山東的抗清部隊。

1　墨勒根，一作墨爾根，漢義為賢明、睿智，多爾袞封睿親王，即此一意。

2　東珠，松花江下游所產的珍珠，勻圓瑩白，王公等冠頂飾之，以多少分等秩。

　　多爾袞種種專橫擅權的行為，使少年的世祖敢怒而不
敢言。順治十三年，世祖在追憶時曾說：「於時墨勒根王
攝政，朕惟拱手以承祭祀，凡天下國家大事，朕既不預，
亦未有人向朕言者。」即此數語，世祖對這位皇叔父的憤
懣已經神情如畫，和春秋時衞獻公說的「政由寧氏，祭則
寡人」如出一轍。遠在順治元年，多爾袞之弟英王阿濟格
入關後，和宣府巡撫李鑒爭論時，旗人綽書泰在旁，便叱
李鑒說：「爾何不懼（英）王而反懼沖齡幼主耶？」阿濟
格本人也視世祖為「八歲幼兒」，或當眾稱為「孺子」。
這都說明，在多爾袞一系，根本沒有將世祖放在心目中。

　　多爾袞的府第，規制全仿皇宮，大殿就有四座，日

多爾袞府原址

夜督造，歷時三年，所以當時傳說墨勒根王府第與皇上宮殿無異。這座王府的原址本為明代南內的洪慶宮，多爾袞因罪廢黜後，乃改為寺院，康熙時為嗎噶喇廟，乾隆時為普度寺。據俞正燮《癸巳存稿》九：「今墨爾根王府在東單牌樓石大人胡同，乾隆時所立也。」現為北京南池子小學，已很破殘，頗有「朱雀橋邊野草花，烏衣巷口夕陽斜」之慨。

隨權慾的擴張，色慾也同時膨脹了。他的政敵豪格被幽禁而死後，便將豪格之妻納為福晉。在八旗選美女入他府邸後，又於新征服的喀爾喀部索取有夫之婦，並向朝鮮國王索取皇室或大臣中的美女。

多爾袞前後共有六妻四妾，卻無子嗣，後以多鐸之子多爾博為嗣。他的身材細瘦，體質素來衰弱，豪格早就說過，多爾袞是有病無福之人，恐不能維持到攝政的結束。他的壽命的短促，可能和他縱慾有關。

清太宗死後的這場宮廷政變，多爾袞是享取政變成果最豐厚又最貪婪的一位獵手，他的勝利，一個有利的條件是皇帝還在童年，但他個人的才能、手腕和毅力，也是重要的因素。可是不言而喻，他生前必亦結了不少仇敵！如同鳳姐的強悍能幹而樹敵。在他權勢薰天時，人家只好忍氣吞聲，包括皇帝世祖在內，等到一瞑之後，復仇的火星便在九重深處爆裂了。

十二

阿濟格謀亂奪政

多爾袞和滿洲貴族都酷愛放鷹圍獵。順治二年（一六四五），有幾個在北京的日本人，曾見多爾袞出獵時的盛大場面，鷹就有上千隻，「街上的人和其他人等都要叩頭在地等候他通過」[1]。禮部還規定他出獵的儀節。

順治七年十一月，他出獵古北口外，可能墮馬受傷，膝受重創，塗以涼膏，太醫傅胤祖認為用錯了藥。至十二月初九日卒於喀喇城（在舊熱河境），年僅三十九歲。

靈柩運回北京，世祖率領諸王及文武大臣改穿素服，至東直門外親迎，後又舉爵祭奠，痛哭失聲。靈車至王府，公主、福晉及諸命婦，都着縞服在大門內跪哭。

明遺民談遷的《北遊錄・紀聞下》記多爾袞於受傷後，「度不自支，退召英王語後事，外莫得聞也」。這個

1　《韃靼漂流記》，載《清史研究集》第一輯。

英王，就是太祖第十二子、多爾袞同母兄阿濟格。《清史列傳・宗室王公傳一》，第一名為禮親王代善，第二名即阿濟格。《韃靼漂流記》描寫他的形象說：「聽說是個粗野人，考慮問題粗率，所以從來不過問政務。看來年紀近五十歲，麻臉，身材魁梧，眼神令人望而生畏。為人慓悍，在交戰時，攻城陷陣，無往不勝。大明和韃靼交戰之際，屢建軍功。」

他於十五歲開始戎馬生活，但有勇無謀，性情暴躁蠻橫，一意孤行，與人爭執動輒以兵刃相見。又好財物女色，常向部下索取婦女。清軍攻克皮島時，牛錄章京徐大禎獲一美婦，阿濟格先後索取四次而未得。徐大禎回瀋陽，阿竟遣人前往追尋。

太宗逝世，他竭力支持多爾袞奪位，堅決反對太宗長子豪格嗣位。在諸王公議立世祖永統的會議中，中途退出，此後即稱病不出，對太宗喪事概不往來，直至多爾袞責言，才勉強參加太宗的完殯喪儀。

多爾袞專權後，罷濟爾哈朗輔政王職，代之以其弟多鐸。不久，多爾袞的政敵豪格被囚斃獄中，便以阿濟格代豪格為正藍旗主旗貝勒，其子勞親封為親王。阿濟格還不滿意，遣人向多爾袞說：多鐸功小，不應優異，濟爾哈朗乃叔父之子，不當稱叔王，「予乃太祖之子，皇上之叔，何不以予為叔父？」（《清世祖實錄》）多爾袞予以斥責，

説他無自知之明。多鐸為他同母弟，且當時已死，他卻依然在妒忌。

多爾袞死後，阿濟格欲承襲攝政，即派三百騎兵，趕往京城，欲使多爾袞所管兩白旗大臣歸附自己，派人往告郡王勒克德渾：「原令爾等三人理事，今何不議一攝政之人？」又詐言多爾袞悔以多爾博（多鐸之子）為嗣子，曾取勞親入正白旗，且暗示端親王博洛速推阿濟格攝政。兩白旗大臣心存疑懼，各率部屬執兵刃嚴防！阿濟格大怒，威脅鑲白旗的阿爾津等説：「兩旗之人，戈戟森列，爾主在後何為？可速來一戰而死。」阿爾津等回去告訴額克親、吳拜等五人，經商量後説：「諸王得毋謂我等以英王為攝政王親兄，因而向彼耶？夫攝政王擁立之君，今固在也，我等當抱王幼子，依皇上以為生。」並向濟爾哈朗等告發阿濟格欲謀亂奪政。

多爾袞靈車還京時，行至石門，與阿濟格之子勞親相遇。阿濟格令部下大張旗幟和勞親合軍，環喪車而行，父子左右居首而坐，濟爾哈朗乃派兵監視。

十二月二十六日，王大臣會議阿濟洛之罪，將阿濟格幽禁，勞親降為貝子。阿濟格手下前鋒統領席特庫「聞攝政王喪，不白之諸王」，被斬，抄家，還有不少人被處死、鞭責、革職，由此興起一場大獄。

阿濟格被幽禁後，給婦人三百供役使，這種供應也

是很奇特的。阿濟格卻暗藏大刀四口，用三百婦人暗掘地道，與其子及心腹合謀越獄，後經人告發，其子被散給諸王為奴。這一來，更使他發狂了，便在獄中厲聲高叫，聲稱要堆集衣物焚燒監房，嚇得監守的毛海等人慌忙退出，不敢復入。當天下午，禁卒忽聞院內拆房摔瓦之聲，急忙奏報，諸王以阿濟格悖亂已極，不可再留，最後由世祖令阿濟格自盡，年四十五。

如上所述，阿濟格的性格本來很粗暴蠻橫，這時因爭權而被投入監房，發生這種狂人的心理，原是很符合規律的，當初豪格在禁所時就有類似的發狂行為。凡是有野心的人，當野心受到壓制、打擊時，往往會變成狂人。

阿濟格的罪狀，最嚴重的是不尊敬多爾袞，可是處罰阿濟格及其親信的實質意圖就是為了打擊多爾袞的白旗勢力，如正白旗的骨幹羅什、博爾惠、額克親、吳拜、蘇拜五人，其實並沒有多大過錯，卻以「動搖國是，蠱惑人心，欺罔咳構」的罪名，或被斬首，或被革職。多爾袞死後，他們已預感到政局將有重大變化，行事已很謹慎，額克親、吳拜又明言堅決擁護世祖，不肯順從阿濟格。濟爾哈朗等會議時，也承認額克親「從直供吐，且原非奸佞巧辯之人」(王氏《東華錄》)，卻仍須「除宗室為民，籍其產一半，全奪所屬人役。」總之，阿濟格於多爾袞死後的種種行動，確是很狂妄，和朝廷對抗，而濟爾哈朗等藉此

懲罰，也是為了報復宿怨，出於派系的鬥爭。

順治五年（一六四八），太宗長子肅親王豪格（正藍旗），也即多爾袞死敵，被多爾袞構陷，死於獄中。時隔三年，多爾袞的同母兄阿濟格先被下獄，後令自盡，這不僅僅是個人的存亡問題，而是反映入關前後，在愛新覺羅的血統上，始終有鬥爭的火花在閃爍着。

阿濟格死後，葬於北京左安門外韋公（明太監韋霖）祠旁。順治十一年，談遷北遊時途經其地，寫過一首七古《英王墓》，下半首云：

花門一望種苜蓿，南苑今為飲馬池。
英王敢戰氣如虎，胡牀解甲羅歌舞。
邸第斜連鳷鵲旁，妖鬟盡隸仙韶部。
急管繁弦春復春，曰周曰召浸情親。
倏焉日匿西山下，高塚祁連宿草新。
閶闔寂寞殉劍鍔，桓山石椁三泉涸。
燕昭墓上穿老狐，幾度酸風歎蕭索。

花門原指回紇衙賑所在地，阿濟格是滿人，這裏指他軍營。鳷鵲本為漢代宮觀名。周公、召公為周文王之子，為周代輔幼主成王的開國功臣。祁連是山名，比喻高塚。吳王闔閭死後，曾以利劍殉葬。桓山典出《孔子家語·顏

回》，後喻兄弟離散之悲。燕昭王為召公之後，其墓在今北京附近。

詩的大意，先回溯英王阿濟格當年征戰的威武，營幕中歌舞的奢豪，王府的華麗斜連宮苑，因為他本是周召那樣輔幼主的宗親，今則墓地荒涼，骨肉傷殘，落日之下，徒有酸風蕭索而已。

多爾袞印

十三

兩月之間榮辱大異

順治七年（一六五〇）十二月，多爾袞卒，追尊為懋德修運廣業定功安民立政誠敬義皇帝，廟號成宗。

八年正月，他的同母弟英親王阿濟格有罪幽禁。十九日，義皇帝及其妃義皇后，同祔於太廟。禮成，覃恩赦天下。詔語略云：「當朕躬嗣服之始，謙讓彌光，迨王師滅賊之時，勛猷茂著。辟輿圖為一統，攝大政者七年。」清

關於多爾袞的皇父攝政王喪儀合依帝禮詔

初諸王身後的哀榮，沒有一個抵得上他。

與此同時，世祖即命剛林至多爾袞府中將所有信符收貯內庫，又命索洪等將賞功冊收進大內，並以多爾袞的近侍蘇克薩哈、詹岱為議政大臣。

二月初十日，蘇克薩哈、詹岱等告發多爾袞死時，其侍女吳爾庫尼將殉葬，把從官羅什、博爾惠等叫來，告訴他們：睿王曾密制八補黃袍（衣服上有八種文繡），令與大東珠朝珠、黑貂褂，潛置棺內，又於永平府（在今河北）圈房，以兩旗官兵移駐，與都統何（和）洛會等共定逆謀，因出獵延遲未及實行。都統譚泰也揭發多爾袞納肅親王豪格之妃，並令豪格子至府中較量射擊，何洛會還以惡言罵豪格子。

於是以鄭親王濟爾哈朗為首，巽王滿達海、端王博洛、敬王尼堪及內大臣合詞追論多爾袞之罪。滿達海等三個人，在順治七年八月間，都受過多爾袞的處罰。

歸納起來，大致有下列幾點：

太宗龍馭上賓，世祖尚在幼年，令濟爾哈朗與多爾袞共同輔政，多爾袞卻不令濟爾哈朗預政，而以母弟多鐸為輔政叔王，妄自尊大，以皇上之繼位盡為己功。（這一條，也是濟爾哈朗最痛恨的。）

將太宗昔年重用的諸大臣攻城破敵之功，全歸於多爾

衰自己。

所用儀仗、音樂、衛從俱僭擬至尊，造府與宮闕無異，擅用織造緞匹（專門供應內廷的絲織品）。

將原屬黃旗的皇上侍臣伊爾登、陳泰一族，剛林、巴爾達齊二族都收入多爾袞旗下。

誑稱太宗即位係奪立，以挾制中外。

構陷豪格使不得其死，遂納其妃，且將戶口財產不歸公而肥己。（言下之意，似多爾袞欲納豪格之妻乃置豪格於死地。）

引誘皇上侍臣額爾克岱青（額克親）、席訥布庫等附己。

一切政事及批票本章，不奉上命，概稱詔旨，任喜怒為黜陟。不令諸王公大臣入朝辦事，令日候王府前，以朝廷自居。

以上罪行，由於諸大臣畏多爾袞生前聲威，不敢出首，今經蘇克薩哈等首告逆謀，詳鞫皆實，自應嚴辦，「謹告天地、太廟、社稷，將伊母子並妻所得封典，悉行追奪。」

又據《韃靼戰紀》，世祖「發現自己的叔叔活着的時候懷着邪惡的企圖，進行曖昧的罪惡活動，他十分惱怒。命令毀掉阿瑪[1]王華麗的陵墓，掘出屍體。這種懲罰被中

1　阿瑪，漢義為父親。

國人認為是最嚴厲的，因為根據宗教的規定，死人的墳墓是備受尊重的。他們把屍體挖出來，用棍子打，又用鞭子抽，最後砍掉腦袋，暴屍示眾，他的雄偉壯麗的陵墓化為塵土。在他死後，命運給他了以應得的懲罰。」《韃靼戰紀》的作者為意大利人傳教士衛匡國，西名為馬爾蒂諾‧馬爾蒂尼。他於崇禎十三年（一六四〇）來中國，順治七年，他曾親睹清世祖大婚典禮，所以上引所記情節必是事實，當時朝鮮使臣也說：「攝政王之以謀逆黜廟，一如鄭命守所言。而攝政王葬處，掘去其金銀諸具，改以陶器云。」[1] 也可作為印證。

不想到了順治十二年，詔內外大小官直言時政時，卻有史科副理事官彭長庚、一等子（爵）許爾安上疏頌多爾袞之功，並請復爵號，修墳墓，乃下王大臣議論，卻都為濟爾哈朗及貝勒尚善駁斥：

彭長庚說：

太宗創業，多爾袞之功為冠。又與諸王堅持盟誓，扶立皇上。

駁詞說：

1　見吳晗輯《朝鮮李朝實錄中的中國史料》。

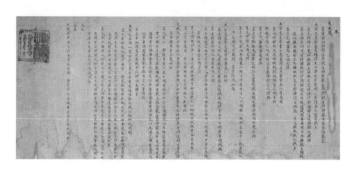

多爾袞母妻撤出廟享詔

太宗創業，遴選諸王分理六曹，從未推多爾袞功大為冠。皇上踐位，亦非他獨效忠誠。

長庚説：

遇奸人煽惑，離間骨肉，如阿達禮、碩托私謀擁戴，多爾袞卻執大義，立置重刑。

駁詞説：

這是因為禮親王代善遣諭多爾袞，言詞迫切，多爾袞懼罪及己，始行舉首。

長庚説：

當時收拾明疆，關內外只知有攝政王一人，皇上遠在盛京，多爾袞若於此時稱帝，誰能禁之？他卻迎駕入關。

駁詞説：

多爾袞克取明疆之前，濟爾哈朗已攻克明之中後所等三城，當時北京不過一空城，其他親王也能攻克。

長庚說：

多爾袞逝世之初，尚無異議，為時無幾，朝論紛起，論罪削爵，毀滅過甚。

駁詞說：

這是因近侍首告，又經過審問核實，怎能說朝論紛起。

長庚說：

詢之故老，聽之傳聞，前後予奪之間，似不相符。

駁詞說：

彭長庚份屬新進，所詢故老何人，所得傳聞何語？

長庚說：

豪格妃瀆亂一事，您尤莫掩，然功多罪少，應存議親

議故之條。[1]

駁詞説：

豪格無故被戕害，多爾袞收其一妃，又以一妃私與母兄阿濟格，此罪尚云輕小，則何罪為大？若說議親，肅親王豪格難道不夠親麼？

長庚説：

私匿帝服御用等物，想必由多爾袞傳諭織造，遲早送至御前，只是暫貯王府。

駁詞説：

多爾袞侍女已密囑潛置棺內，後經首告而搜出，並非暫貯。

長庚説：

1　舊時臣子犯罪，有議親、議故、議賢、議能等八議（即八辟），凡合八項條件的可減免刑罰。

方今皇上力求安寧，而水旱相繼，似同風雷之警。

駁詞說：

多爾袞在日，豈無水旱之虞？而且現在也並無風雷之警，怎能以《尚書·金縢》的故事比擬？

又如援引周公輔成王事跡，尤屬乖謬。周公誅管蔡，因為管蔡通武庚而叛，肅親王豪格難道也曾叛反？多爾袞企圖納肅王之妃，周公曾有這種行為麼？多爾袞為了建避痘處所，私動內帑，苦累官工，「周公又有此行乎」？駁詞是用十分嚴厲正經的態度寫的，卻使人看了為之莞然。

最後，對彭長庚、許爾安的處分是：本應論死，從寬流放寧古塔（在今黑龍江）。

僅僅兩月之間，多爾袞便由開國功臣的義皇帝而淪為腦後有反骨的亂臣賊子，亦征功高常與罪大相應。彭長庚、許爾安居然敢火中取栗，想為睿王充當義務辯護人，結果遭到流放，原是意料之中。他們的官職並不高，也不是多爾袞的親信，說明當時對「多案」不服氣的大有人在，只是有些人不敢聲張，而真正屬於多爾袞親信的，有的人為了撇清關係，脫卸責任，便掉過頭來反擊舊主，有的人要想撇清也不濟事，下一篇中就要談到為「多案」而掀起的大獄。

十四

後皇翻前皇之案

在兩大派系的鬥爭中，一派失敗後，必然會株連到許多人，被株連中成員的品行卻極為複雜，有些都是朝秦暮楚，輾轉矯詐，翻覆無常，最後兔死狗烹，同歸於盡。多爾袞身後，就有不少例子。

（一）正黃旗的巩阿岱，於太宗死後，曾擁立多爾袞政敵豪格，兵圍崇政殿。事發後本應論死，卻得到多爾袞的赦免，兄弟四人同日受賞。後因屢次違禁，不知自重，被多爾袞降爵。

多爾袞逝世後，濟爾哈朗先恢復巩阿岱的爵位，入議政大臣行列，其弟錫翰也封為貝子。兄弟兩人，遂積極為「反多」作證，多爾袞集團的骨幹由此而逐漸被收拾，他們卻各得御賜牝馬五十匹，以示寵信。可是到順治九年（一六五二）三月，濟爾哈朗以「党附睿王，構陷忠良」十六大罪，將巩阿岱、錫翰處死，正如俗語説的「醬裏

蟲，醬裏終」。

（二）正黃旗的譚泰，也於太宗死後竭力擁立豪格，又與索尼等六人共立盟誓，願生死一處。後與太祖之子、多爾袞異母兄巴布海有仇，被巴布海的太監匿名告譚泰陰謀不軌，可是譚泰向多爾袞陳訴後，多爾袞卻將巴布海及有關人犯處死，沒收巴的家產一半與譚泰，並信任譚泰的忠心。

譚泰的阿附多爾袞，引起部分黃旗大臣的反感，因而黃旗內部爭議紛起，圖賴、鰲拜等曾議其不法的罪狀，應當處死，多爾袞卻遲疑不決，圖賴厲聲責問：「爾何將譚泰之罪，耽延三日不決？」多爾袞乃將譚泰監禁，遣人以野雞肉野豬肉送贈探視，譚泰因而有「吾當殺身以報恩」語。

順治五年，多爾袞出譚泰於獄。他不在京時，部分職權即由譚泰代行。

多爾袞去世，世祖親政，對譚泰之附多爾袞事暫不舉發，反授吏部尚書。當多爾袞罪狀被蘇克薩哈等告訐時，譚泰也首告多爾袞取豪格之妃事。可是到順治八年，即被逮捕，經過審問後，世祖便命「着即正法」。他任吏部尚書時，因偏愛而超授世職者，也一併革去。

（三）正黃旗的何洛會，是豪格的親信，曾參預立嗣君的密議。多爾袞專權後，他便出首告發豪格有怨言，從

而使幾個黃旗大臣因附豪格為亂之罪而被殺。多爾袞便以「能矢忠義，舉發伊主」使他升官。這是何洛會賣主求榮的開始。

於是而隨多爾袞入關，後又為定西大將軍。以內大臣而為大將軍者，何洛會為第一人。順治五年，貝子吞齊告發濟爾哈朗徇庇豪格，何洛會挺身作證，又說了些濟爾哈朗袒護豪格事，濟爾哈朗因而獲罪。

豪格被幽禁後，何洛會見到豪格的兒子，詛咒說：「見此鬼魅，不覺心悸。」多爾袞聽到後說：「想彼欲媚我而為是言，但我之愛彼，更自有在。」（《清世祖實錄》）就是說，他還別有利用何洛會的地方。

多爾袞一死，何洛會自知靠山已倒，對錫翰說「今上親征，兩黃旗大臣與我相惡，我昔曾首告肅王（豪格），今伊等豈肯不殺我而反容我耶？」這倒很有自知之明。

順治八年，譚泰告何洛會罵過豪格兒子，錫翰告何洛會對他說過的話。何最後是凌遲處死，其弟胡錫明知其兄種種逆謀，不行首告，亦被凌遲。因阿附多爾袞而被處死的，何洛會是第一人。

（四）剛林初為正藍旗，後改隸正黃旗。他的罪狀是阿附多爾袞，刪改《實錄》，和祁充格一同參與多爾袞遷駐永平之謀。據談遷《北遊錄・剛令（林）修史》條：「昭陵之殂，故事殉葬，攝政王母宜從而不欲也。宗室大臣勒

令自盡，後修《實錄》，剛令書云：自願從死。」剛林因而獲罪。（按：談《錄》中的「昭陵」，實誤。昭陵為太宗陵，此處指太祖陵，應作福陵，同時是太祖的代稱。）但這裏有個疑問：為什麼剛林書「自願從死」會成為罪名？是不是因為不符合事實？我覺得更重要的理由是在這裏：太祖生前，對多爾袞生母納喇氏本有戒忌，怕她日後會亂政，所以遺命要她殉葬，納喇氏起先並不甘心。多爾袞死後，濟爾哈朗等正要歷舉多爾袞種種罪行，由子而及母，剛林卻寫成「自願從死」，等於將納喇氏美化成為很忠貞馴良的人，因而加重了剛林的罪名。

因阿附多爾袞而被處罰的還有好多人，這裏不再縷舉。這些人，因派系鬥爭而棄舊媚新，反親為仇，「自求多福」，妻財子祿，事事如意，又成為一時新貴。曾幾何時，樹倒猢猻散，自己已成為派系鬥爭的芻狗，葬身於政變的波濤中。

這裏還要探索一下：兩月之間，多爾袞的榮辱之變為什麼這樣迅劇激烈？原因固然很複雜，例如功高震主，樹大招風，只是太籠統。具體言之，多、濟兩大派系之爭是關鍵之一。太宗歿後，世祖嗣位，多爾袞與濟爾哈朗共同輔政；共同輔政的結果，不外兩點，一是彼此協力團結，相忍為國。二是由於政見紛歧，權慾衝突，必將形成東風與西風的難以調和的僵局。濟爾哈朗曾受過多爾袞的排

擠，前文已屢次說過。他們兩人生年相同，多爾袞卻死在前頭，人一瞑目，什麼都只能憑人擺佈，遂給濟爾哈朗以報復洩憤的機會。

追罪多爾袞及其黨羽之後，順治帝終於可以乾綱獨斷，真正地發號施令了。另一關鍵，世祖曾幾次受到阿濟格、多爾袞兄弟的凌辱，儘管當時還幼小，但兒童對凌辱也是很敏感的，何況他這時已經意識到自己是萬人之上的皇帝。到了多爾袞一死，他已有十四五歲，很懂事了，經過濟爾哈朗等反多派的搬弄，自然更增加了憤恨。

他將皇后博爾濟吉特氏廢為靜妃，改居側宮，就因為是多爾袞給他定的婚事，可見他對多爾袞痛惡之甚。加上多爾袞生前確有許多專權跋扈地方，奏疏中舉發的罪名，大多不冤枉。他身後這種突變，也就不難找到根據。

宮廷政變，多半由於派系上的鬥爭，這中間，固有政見上的對立，但個人仇恨上的發洩報復，即屬於情緒上心理上的而非理性上的因素，也佔很大的比重，試看官方揭舉的多爾袞罪狀，純然屬於政治上是非的就不多，有的只是人身攻擊。

到了乾隆三十八年（一七七三），先下諭命內務府修葺多爾袞墓，並准其近支王公等祭掃。其墓在今北京東城區新中街一帶，上諭中說的「塋域之在東直門外者，歲久益就榛蕪，亦堪憫惻」，即指其地。當初佔地三百畝，

後人稱為「九王墳」。一九四三年被盜掘，僅見瓷瓶及節炭，與朝鮮人所記以陶器易金銀葬具事相符合。

乾隆四十三年正月，又曾下諭，諭中有這樣幾個要點：多爾袞攝政有年，威福不無專擅，諸王大臣未免畏而忌之，遂致歿後為蘇克薩哈等所構，誣以謀逆。世祖登位，尚在沖齡，未曾親政，吳三桂之所迎，勝國（指明朝）舊臣之所奉，止知有攝政王，假如果萌異志，此時兵權在握，何事不可為？他不在這時因利乘便，直至身後以斂服僭用明黃龍袞，指為覬覦之證，於情理不合。太宗死後，阿濟格、多鐸跪請多爾袞即位，多爾袞堅決不從，又力頌太宗對他的恩育信重，「使王彼時如宋太宗之處心積慮，則豈肯復以死固辭而不為邪說搖惑耶？乃令王之身後，久抱不白之冤於泉壤，心甚憫焉。假令王之逆跡稍有左驗，果出於我世祖聖裁，朕亦寧敢復翻成案？乃實由宵小奸謀，構成冤獄，而王之政績載在《實錄》者，皆有大功而無叛逆之跡，豈可不為之昭雪乎？」

於是恢復睿親王封號，追諡曰「忠」，補入《玉牒》[1]，配享太廟，入祀盛京（瀋陽）賢王祠。

諭旨的措詞倒很公平得體，既指出多爾袞的威福自專，又否定他的蓄謀篡逆，但諭旨把多爾袞蒙冤的責任全

---

[1] 玉牒，即皇家族譜。可見在此之前，多爾袞是不被載入《玉牒》的。

推給宵小奸謀如蘇克薩哈等，而與世祖及濟爾哈朗毫無關係，雖不公平，但在當時，只好這樣說，否則，這一案便翻不成，這在高宗諭旨中也說了。

前面說過，彭長庚、許爾安曾為多爾袞申冤，說他並無逆謀，所舉理由，和高宗諭旨中所說類似，結果卻被充軍。直至一百二十餘年後的乾隆時，才將這案徹底翻了，實即後皇翻前皇之案，說來說去，還是皇帝最有翻案的權力。

高宗之為多爾袞昭雪，是否牽涉孝莊太后下嫁事，詳見下篇。

孝莊文皇后朝服像

十五

順治太后下嫁疑案

　　談到攝政王多爾袞，必然會聯繫到太后下嫁事件。由於這件婚案不同於一般的宮闈隱私，實亦宮廷政變的餘波，關係到清初的史實，所以，很多學者皆著論考辨。

　　太后姓博爾濟吉特氏，出生於蒙古科爾沁部，貝勒寨（宰）桑之女，後為太宗皇太極之妻，時年十三歲。她的姐姐也嫁與太宗，即宸妃。兩人又是太宗中宮皇后的姪女。

　　太宗崇德元年（一六三六），封為永福宮莊妃。三年正月，生子福臨，即世祖。福臨即位，尊為皇太后，史稱孝莊后，也稱順治太后。她守寡時為三十歲，尚在關外，比多爾袞少兩歲。

　　她是一個聰明能幹，富有謀略，又很有姿色的強女人，對清朝的建國頗有貢獻。認為太后曾下嫁的主要根據有這幾點：

（一）明遺臣張煌言《建夷宮詞》之一云：上壽觴為合卺樽，慈寧宮裏爛盈門。春官昨進新儀注，大禮恭逢太后婚。明成祖時於女真族所居地置建州衛，這裏指滿清，夷是鄙稱。慈寧宮在紫禁城內隆宗門西，清代為皇太后所居，皇后則居坤寧宮。春官指禮部。太后而曰「婚」，自然是改嫁了。

（二）多爾袞為順治叔父，清廷先稱為皇叔父，後則徑稱皇父。這是很奇特的。

（三）孝莊病重時，（卒年七十五）遺命不與已故丈夫太宗合葬，別營陵墓於關內，她的理由是太宗奉安已久，不可再驚動他。昭西陵的碑文上有「念太宗之山陵已久，卑不動尊。惟世祖之兆域非遙，母宜從子」語。後人認為這是她不自安於故夫陵墓之故。

孟森在《太后下嫁考實》中都予駁正：

張煌言為明遺臣，堅持抗清，其中「自必有成見」，含謗書性質。寫詩時人在南方，故遠道之傳聞，鄰敵之口語，難以作為定論，「且詩之為物，尤可以興到揮灑，不負傳信之責」。日本稻葉君山在《清朝全史》中也說：「但此係出當時南人，究難保無誤傳之處。」這比孟森說得還要早。

蔣氏《東華錄》曾記清廷於議多爾袞罪狀中有一款云「自稱皇父攝政王，又親到皇宮內院。」（此為王氏《東華錄》所無）孟氏評云：「但『親到皇宮內院』一句最可疑，然最可疑，只可疑其曾瀆亂宮廷，決非如世傳之太后大婚，且有大婚典禮之文佈告天下等說也。」

至於皇父之稱，「由報功而來，非由瀆倫而來，實符古人尚父、仲父之意。」這一點，鄭天挺《多爾袞稱皇父之由來》一文，辯證尤為詳明，他疑心「皇父」之稱與「叔父攝政王」、「叔王」，「同為清初親貴之爵秩，而非倫常之通稱，其源蓋出於族中舊俗」。和孟說的由報功而非瀆倫相合。

孟氏又引《朝鮮仁祖（李倧）實錄》順治六年二月，「上（仁祖）曰：『清國諮文中有皇父攝政王之語，此何舉措？』金自點曰：『臣問於來使，則答曰：今則去叔字。朝賀之事，與皇帝一體云。』鄭太和曰：『敕中雖無此語，似是已為太上矣。』上曰：『然則二帝矣』。」孟氏接著說：「以此知朝鮮並無太后下嫁之說。使臣向朝鮮說明『皇父』字義，亦無太后下嫁之言。是當時無是事也。」

清代皇后與皇帝分葬的，不止孝莊一人，如孝惠后與世祖，孝聖后之與世宗等，且當時已有另一皇后孝端后和太宗合葬在先，自更難合葬。

但，（一）張煌言雖與新朝敵對，他的為人一向正直

昭西陵規劃圖

嚴謹，如果並無其事，尚不至故意毀一婦人名節，即使他得自民間傳聞，但這時清人已入主中國，民間正懾於新朝之威暴，為什麼敢有這種傳聞？

（二）清人稱多爾袞為皇父，和古代稱功臣為尚父、仲父不同，這兩處的「父」字應讀「府」。《清聖祖實錄》記孝莊臨死前對她孫子玄燁（聖祖）說：「我心戀汝皇父及汝，不忍遠去。」這裏的皇父雖指聖祖之父世祖，卻說明皇父即父親之意。孟氏又引《朝鮮仁祖實錄》的話，正說明此中匣劍帷燈、撲朔迷離之狀，那意思是說：清國何以有皇父攝政王之語？使臣回答說：（從前還用「叔」字），現在連「叔」字也不用了，所以仁祖說：「然則二帝矣。」仁祖起先為什麼有此問詞，不正是已聞下嫁的信息麼？孟氏以為《實錄》中未明言太后下嫁即作為無其事之證，未免過於迂執。胡適致孟氏書中說：「所云『今則去叔字』，似亦是所答非所問。」細加玩味，答語似隱而實顯。

（三）據牟小東《清孝莊后下嫁之旁證》考釋[1]：清代皇后和皇帝分葬的，如孝惠、孝聖等，她們都葬於陵園「風水牆」之內，獨有孝莊后的昭西陵在「風水牆」之外。她的靈柩浮厝於「暫安奉殿」近四十年。《朝鮮李朝實錄》於康熙二十七年正月，記朝鮮問孝莊逝世，卻祕不發喪，

1　見中華書局《學林漫錄》第九集。

朝鮮大臣感到奇怪。這是因為聖祖已感染漢化，越發感到其祖母下嫁之不光彩，故有祕不發喪、靈柩浮厝等措施。

再從風俗上考察，這種娶兄嫂、姑母、姪女等瀆倫事，在關外時非常習見，太宗之與莊妃即是姑父和姪女。我們還可補充一點：孝莊寡居時，正在盛年，入關初期禮教觀念很淡薄，從情慾上說，也很有可能。這話似近不經，但考察歷史上某些婦女的生活史，其實是很重要的因素，如才女李清照在四十七歲（？）時的再嫁。

前述多爾袞罪狀中「自稱皇父攝政王，又親到皇宮內院」二語，孟氏也認為最可疑，又覺得「決非如世傳之太后大婚」。大婚、佈告與否，暫不深究，但有一點卻是很明白的：這個「皇宮內院」只能指太后居處，正因孝莊已成多爾袞之妻，他才能以皇父之尊，堂而皇之進入內院。他在當時這樣做，並不算錯。孟氏的入室弟子商鴻逵，在《清「孝莊文皇后」小記》[1]中，先認為單憑一些記載還不能作為下嫁的確證。接着說「但即讓有此事，也只能把它當作一種政治手段看待。」似商氏也承認有此可能，不如孟氏那樣説得堅決。

上一篇《兩月之間榮辱大異》中，曾引《韃靼戰紀》所記世祖命人將多爾袞尸體挖出，以棍鞭抽打，最後砍頭

---

[1]　見《清史研究》第二輯。

暴尸，這不能不使人疑問世祖對多爾袞為什麼仇恨到這個地步？世祖的嗣位，當初主要由多爾袞擁立以至扶持，他並非不知道，如果不是使他感到奇恥大辱，何至採用這樣殘忍手段對付逝者？

另據劉文興《皇父攝政王起居注》一書跋文：清季宣統初元，內閣庫垣圮。時家君（劉啟瑞）方任閣讀，奉朝命檢庫藏。既得順治時太后下嫁皇父攝政王詔，遂以聞於朝。」[1] 閣讀指內閣侍讀學士，從四品，掌收發本章、總稽翻譯，為清代獨有官名。這是很有力的證據，劉氏跋語當可相信，可惜詔書未曾傳世。至於《清稗類鈔》及《清宮十三朝演義》所載下嫁詔書，純為文人掉弄筆墨，後者尤出小說家言，兩處詔文措詞不同，其偽可知。

太后下嫁時（當在順治六年前），世祖還年幼，至多爾袞歿後，遂有削爵、毀尸等報復性舉措。至高宗時，漢化已深，國母而再婚，更不成體統，索性將多爾袞平反，示天下以無隱祕。蔣氏《東華錄》，因依《實錄》紅本為主，尚載親到皇宮內院情節云云，光緒時王氏《東華錄》成，乃削去加封皇父一節。這也有兩種解釋：一是欲蓋彌彰，足見皇父與下嫁相關；一是本是報功之尊稱，又恐引起後人誤會，故而刪削。

1　見《四川師範學院學報》一九八一年第一期。

　　由於太后事件對後世影響的深遠，王夢阮《紅樓夢索隱》以為焦大罵的養小叔子的話，「並非指寶玉、鳳姐。」意思是指孝莊與多爾袞，第十八回元妃歸省，便是影射孝莊下嫁的大典：「行禮已畢，復行更衣，另備車駕，至賈母上房敍家人之禮，意者先御正殿，後入寢宮，所謂骨肉不分，天倫有樂者即在此邪？」又云：「是日入宮，亦日入府（指攝政王府），為臨倖後之第一步。」第二十九回賈珍知道張道士是當日榮國公的替身，則說：「是指為睿王替身，榮國公即從睿王名袞字上化出。……睿王替身，即元妙觀之老神仙也。」並以為此回是「寫睿王死後，孝莊追念的光景」。此固附會之談，也見得太后下嫁說深入到各個方面。又據《清朝野史大觀》卷一，太后下嫁後「出居睿親王府」，此亦想像之詞，與罪狀中「親到皇宮內院」便不符合。

　　太后下嫁如果是事實，當在順治二年至六年，但至順治七年三月，多爾袞又諭示朝鮮國王，索取國王的妹女、近族或大臣之女為妃嬪，可見其人之好色，易言之，權慾與情慾便是貫穿了他的一生。同年十二月，他就死了。

　　就史學界而論，孝莊降嫁一案今雖尚不能作明確結論，但近二三十年來，相信下嫁是事實的人卻更多了。清代的官文書自然不會明白記載，但種種跡象，不難窺測，特別是對多爾袞尊貶的翻覆變易上，尤可從夾縫中窺真相。

十六

可憐千里草

　　有關世祖後宮的隱祕及其出家故事，在清人詩歌中，吟詠最多的，當推吳偉業（梅村），但正因事涉後宮，所以也寫得惝恍迷離，介於可解與不可解之間。今據孟森、陳垣兩位學者的闡釋[1]，復加考索，得到大體上的理解。先舉《古意》六首：

　　　　爭傳婺女嫁天孫，才過銀河拭淚痕。
　　　　但得大家千萬歲，此生那得恨長門。

　　這組詩皆為廢后而詠，在廢后則為婚變，在世祖實同休妻。前兩句寫立為皇后不久即遭廢棄。第三句的「大家」古代多指皇帝，也是一種尊稱，末句用漢武帝的陳皇后失

1　孟森《明清史論著集刊續編》、《陳垣學術論文集》。

寵後別居長門宮典故。世祖只活到二十四歲。意思是説，但願皇帝能活到長壽，自己雖被廢而仍無怨恨，從反面哀悼世祖之不永年。孟氏説：「措詞忠厚，是詩人之筆。」

豆蔻梢頭二月紅，十三初入萬年宮。
可憐同望西陵哭，不在分香賣履中。

這是説，自己本是最早作配帝王，至世祖卒時，已幽居別宮，無法參加送終之事。西陵原指曹操陵墓，分香賣履也是曹操遺令中語，意即自己只能望空而哭，卻不在拜祭之列。

從獵陳倉怯馬蹄，玉鞍扶上卻東西。
一經輦道生秋草，説着長楊路總迷。

陳倉即今陝西寶雞，秦文公曾遊獵於此。張楊為秦國舊宮名，漢代修飾後而為行宮，因宮有長楊樹而得名。詩意是説，自己最初原曾承受恩寵，騎着寶馬隨從世祖出獵，遊憩行宮，後來卻被廢棄。至今不堪回首。

玉顏憔悴幾經秋，薄命無言只淚流。
手把定情金合子，九泉相見尚低頭。

此言生前失寵多年，每自流淚，而世祖至死不肯回意，一旦九泉相見，猶得低頭。這幾首都是詩人忠厚之筆。

銀海居然妒女津，南山仍錮慎夫人。
君王自有他生約，此去惟應禮玉真。

古代帝王陵墓中，灌水銀以像海。史言廢后性妒。（妒女津典出段成式《酉陽雜俎》十四）漢文帝竇皇后因病失明，文帝乃寵愛邯鄲慎夫人，詩中慎夫人比喻董鄂。意為生時既不能與帝同室，死後又不能同穴，能同穴的為慎夫人，即董鄂死後猶承世祖恩念。玉真指仙人，意為他生之約既屬別人，則自己死後惟有修行以求成仙而已。

珍珠十斛買琵琶，金谷堂深護絳紗。
掌上珊瑚憐不得，卻教移作上陽花。

這一首很可疑，孟氏以為（一）或廢后非親王女，由侍女作親女入選，為世祖所惡。（二）或董鄂實出廢后家，由侍媵入宮。我意前兩句指世祖對董鄂之傾心與偏寵，末句似用白居易《上陽宮人》典，意思是廢后為孝莊太后姪女，身世高貴，如掌上明珠，只因董鄂而不得世祖

愛憐，落得與上陽宮人同一命運。這組詩既為廢后而作，董鄂只是陪襯而已。

梅村又有《七夕即事》四首，今錄二首：

羽扇西王母，雲軿[1] 薛夜來。
針神天上落，槎客日邊回。

鵲渚星橋迴，羊車水殿開。
只今漢武帝，新起集靈台。

花萼高樓迴，岐王共輦遊。
淮南丹未熟，緱嶺樹鞦韆。

詔罷驪山宴，恩深漢渚愁。
傷心長枕被，無意候牽牛。

孟氏雖力辯董小宛無入宮事，但未曾懷疑董鄂妃的來歷，所以，他以為《七夕即事》單純詠世祖以襄親王博穆博果爾之喪，暫停冊立事，至陳垣氏撰《順治皇帝出家》文，對「羽扇西王母」及「花萼高樓會」等句，以為皆隱約指世祖納弟婦事；又以為清世宗諱言董妃火化及設道場

1　雲軿，音 yún pēng，神仙所乘之車，以雲為之，故稱。

事,「非諱其事,直諱其人耳」。這是很有見地的。由此試作進一步的探討。

薛夜來為三國魏文帝宮人,本名靈芸,妙於針工,雖處深帷之內,不用燈燭,裁制立成,有針神之稱,故文帝非薛氏所縫之衣不穿。羊車為宮內所乘小車。這首詩從前六句看,似只形容妃嬪之受厚寵,但末兩句「只今漢武帝,新起集靈台」,卻是皮裏陽秋。唐張祐名篇《集靈台》:「日光斜照集靈台,紅樹花迎曉露開。昨夜上皇新授籙,太真含笑入簾來。」楊貴妃本為玄宗子壽王妃,後由玄宗命她先為女道士,再納為貴妃。唐人常以漢武帝借喻唐玄宗,楊、董之入宮承寵,在倫常上都是瀆亂的,故另一首又有「沉香亭畔語,不數戚夫人」句。

下一首開頭的「花萼」兩句,結末的「傷心」兩句,皆用唐玄宗與其兄弟典故,這固然可解為世祖對襄親王的痛悼之情,但如結合拙文上篇所敍隱事看,顯然有所影射,易言之,仍是不脫艷情詩格局。

梅村的《清凉山讚佛詩》四首,筆意尤為閃爍,程穆衡箋云:「為皇貴妃董氏詠。《扈從西巡日錄》:『五台山大塔寶院寺,明萬曆戊寅,孝定皇太后重建,有阿育王所置佛舍利塔、文殊院塔。』知歷來后妃皆有布造。貴妃上所愛幸,薨後命五台山大喇嘛建道場。詩特敍致瑰麗,遂有若《長恨歌序》云爾。」

下面選錄第一首：

　　西北有高山，云是文殊台。台上明月池，千葉金蓮
開。花花相映發，葉葉同根栽。王母攜雙成，綠蓋雲中
來。漢主坐法宮，一見光徘徊。結以同心合，授以九子
釵。翠裝雕玉輦，丹髹沉香齋。護置琉璃屏，立在文石
階。長恐乘風去，捨我歸蓬萊。從獵往上林，小隊城南
隈。雪鷹異凡羽，果馬殊羣材。言過樂遊苑，進及長楊街。
張宴奏絲桐，新月穿宮槐。攜手忽太息，樂極生微哀。鞦韆
終寂寞，此日誰追陪。陛下壽萬年，妾命如塵埃。願共南山
椿，長奉西宮杯。披香淖博士，側聽私驚猜。今日樂方樂，
斯語胡為哉？待詔東方生，執戟前詼諧。薰壚拂黼賬，白露
零蒼苔。吾王慎玉體，對酒毋傷懷。

　　清凉山即山西五台山。雙成指董雙成，傳說為西王母
侍女，和另一首「可憐千里草，萎落無顏色」皆隱喻「董」
字。全詩先從五台山說起，而以金蓮花葉，同根映發引起
董妃，下面渲染董鄂之受厚寵。攜手太息，樂極生哀，暗
示董妃已預感壽命不長，日後何人能追陪左右，只望將來
能共處一地。「披香淖博士[1]」云云，似是寫方士竊聽而驚

1　披香為宮殿名。以藥石消冰，古為方士之術，稱淖水，淖溺。

異，「待詔東方生」亦指方士或弄臣，可能隱喻僧人，陳
垣文中記僧溪等曾作詼諧語。吳詩所寫都是半虛半實。
「陛下壽萬年，妾命如塵埃」，寫董妃的密語，微似《長
恨歌》中「夜半無人私語時」。董妃卒於順治十七年八月，
年二十二。次年正月，世祖亦逝世，陳維崧《讀史雜感》
故有「玉柙珠襦（貴族的殮服）連歲事，茂陵應長並頭花」
語。梅村則是逆寫，「鞦韆終寂寞，此日誰追陪」者，實
是說，董妃逝世四月後，又追陪世祖於地下了。

　　董妃之死，確給世祖以極大的打擊，最終雖未示寂於
清凉山，但一度確有出家的念頭，並且連頭也剃了，後經
孝莊和湯若望的勸阻才始中止。最後死於痘症（天花），
遺詔中臚列自己許多罪狀，其中一條，就是對董妃「喪祭
典禮，過從優厚，不能以禮止情，諸事逾濫不經」。這未
必為世祖本人意願，而為孝莊及四輔臣所指使。世祖之廢
第一后，孝莊是不贊成的，因而董鄂之受殊寵，也必為孝
莊所嫉忌。愛情上的糾結，又加強了他的宗教感情，吳詩
即以兩者為針線。

　　鄧之誠《清詩紀事初編》卷五，記李天馥《古宮詞》
「日高睡足猶慵起，薄命曾嫌富貴家」，以為「明言董鄂
先入莊（親王）邸。」錢仲聯《清詩紀事》云：「毛奇齡《長
生殿序》稱應莊親王世子之請，作《長生殿》院本。蓋正
以楊妃先為壽王妃暗示董鄂先入莊邸，然則湯若望所云滿

籍軍人者，或當為莊親王矣。」按，莊親王名博果鐸，為
世祖姪輩，生於順治七年（一六五〇）。順治十三年冊立
董妃時，他才七歲，所以從年齡上看就不確，或因博穆博
果爾與博果鐸名字易混之故，但也見得後來學者對董鄂入
宮的途徑，懷疑者很多。

十七

董鄂妃入宮疑案

　　前面說過，清世祖以六齡童而登帝位，原是宮廷政變的產物，多爾袞死後，他才親政，年僅十四歲。當時鄭親王濟爾哈朗還擁有輔政之名，世祖鑒於多爾袞的擅權，便擺脫濟爾哈朗的干預，諭令內三院：「以後一應章奏，悉進朕覽，不必啟和碩鄭親王」（《清世祖實錄》）。說明他不想再做影子皇帝，也反映他少年時的性格。

　　據僧人木陳忞《北遊集》所載：「上龍性難馴，不時鞭撲左右。」當時在北京的耶穌會教士湯若望也說：「他心內會忽然間起一種狂妄計劃，而以一種青年人們底固執心腸，堅決施行，如果沒有一位警告的人乘時剛強地加以諫止時，一件小小的事情，也會激起他的暴怒來，竟致使他的舉動如同一位發瘋發狂的人一般。」楊丙辰譯魏特《湯若望傳》。這種性格，和他當年在關外的父親正有一脈相通處。

　　但他只活到二十四歲，政治上雖有所建樹，畢竟成就不大，後人對他的生平，卻頗有戲劇性的傳說，最顯著的為厚寵董鄂妃和出家五台山。

　　世祖雖只享年二十四歲，卻有十四個有名位的妃嬪，而按入葬清東陵等陵墓的后妃計算，則為三十餘人。第一個皇后是博爾濟吉特氏，即他生母孝莊太后的姪女，與世祖為表兄妹，後來卻被廢黜，理由是這件親事原是多爾袞所定，但這只是藉口，因為立皇后時多爾袞已死，實際主持的是孝莊太后。孝莊把她姪女選進宮內為皇后，不但可藉此加強滿蒙聯姻的政治上作用（她們都是蒙古人），對孝莊本人也可在後宮中多一重耳目，但世祖卻不顧大臣的勸阻毅然廢黜。次年，又立了一個十四歲的博爾濟吉特氏，即廢后的姪女，孝莊的姪孫女，對世祖則為姑父。不料後來又要將她廢黜，理由是孝莊患病時，第二后對孝莊的禮節很疏忽，可是反對將第二后廢黜的恰恰是孝莊，所以後來第二后對孝莊極為感恩孝順，不過世祖自此即與第二后疏遠。單從這兩件事情看，世祖長大後，母子之間的感情是並不融洽的。

　　世祖為什麼要廢黜第二后？實是想把皇貴妃董鄂氏取而代之。董鄂氏的來歷如何，《清史稿》這樣記載着：「孝獻皇后棟鄂氏，內大臣鄂碩女。年十八，入侍。上眷之特厚，寵冠後宮。十三年八月，立為賢妃。十二月，進皇貴

妃，行冊立禮，頒赦。」（下略）

棟鄂即董鄂，明代稱東古，原為部族名。董鄂氏為滿洲世俗，三代武職。後世以秦淮名妓，冒襄（辟疆）愛妾董小宛相附會[1]，經孟森考辨後，史學界已無人相信，故不必贅述。但一波未平，一波又起，董鄂氏是否以閨女入宮，卻又是一個疑案。

《湯若望傳》中有這樣一段傳奇性記載：

順治皇帝對於一位滿籍軍人之夫人，起了一種火熱愛戀。當這位軍人因此申斥他的夫人時，他竟被對於他申斥有所聞知的天子，打了一個極其怪異的耳摑。這位軍人於是乃因怨憤致死，或許竟是自殺而死。皇帝遂即將這位軍人的未亡人收入宮中，封為貴妃。這位貴妃於一六六〇年產生一子[2]，是皇帝要規定他為皇太子的。但是數星期（應為三個月）之後，這位皇子竟而去世，而其母於其後亦薨逝。

皇帝陡為哀痛所攻，竟致尋死覓活，不顧一切。

1　據孟森《董小宛考》，冒辟疆是先眷愛陳圓圓而後娶董小宛的。
2　應為一六五七年，即順治十四年。一六六〇年為董鄂氏逝世年份，或因此誤混。

董鄂妃

　　這是中國史籍筆記中所未曾記載的，湯若望很受世祖的尊重，還對世祖說過「淫樂是危險最大」的話，所以這段史料當可信從。再就軍人之申斥夫人，世祖聞知後又打軍人耳摑的情節看，似兩人已在通情，而非世祖之單戀。

　　這位夫人之為董鄂氏，應當沒有疑問了，那末，她原來還是有夫之婦，但她的丈夫又是誰呢？

　　我們試從《世祖實錄》中有關記載作一推測：

　　順治十三年六月，奉皇太后諭：舉行冊立孄妃典禮。得旨：先冊立東西二宮。同月，皇太后諭：孔有德女（四貞，育養宮中，年尚幼小）宜立為東宮皇妃。

　　七月，襄親王博穆博果爾死，禮部擇吉於八月十九日冊妃。上以襄親王逝世，不忍舉行，命八月以後擇吉。

　　八月二十二日，立董鄂氏為賢妃。同日遣官祭襄親王。

　　九月二十八日，擬立董鄂氏為皇貴妃。先於二十五日遣官祭襄親王。

　　十二月，正式冊立董鄂氏為皇貴妃[1]，頒詔大赦。

1　皇太后與太后、皇太子與太子皆無別，皇貴妃與貴妃則是兩種名分，皇貴妃次於皇后而高於貴妃。

　　博穆博果爾為世祖第十一弟，死時年十六。清初皇族常領兵出征，西洋人就稱為「滿籍軍人」，所以，陳垣、商鴻逵推測董鄂氏的本夫當為襄親王。「擇吉」所以推後，絕非因襄親王之死而「不忍舉行」。依《清史稿》的「年十八，入侍」觀之，她的年齡還長於襄親王二歲。商氏說：綜觀官書所記宮闈情狀看，太后並不喜悅董鄂氏，第二后孝惠皇后更因董鄂氏得寵而「不當上旨」。董鄂氏可能是入宮後指配別一皇子，即入宮後又出宮而後入宮侍世祖。這和楊貴妃之受寵於玄宗有些類似。所以，董妃的兒子皇四子如不夭折，那末，聖祖順治第四子（皇三子，佟佳氏所生）未必能繼位，宮闈間可能又有糾紛。

　　《天童寺志》載世祖賜木陳忞御書唐詩一幅，後志庚子（順治十七年）冬日書，詩云：

　　洞房昨夜春風起，遙憶美人湘江水。
　　枕上片時春夢中，行盡江南數千里。

　　此為岑參春夢詩。陳垣《湯若望與木陳忞》云：「唐詩多矣，何獨書此以賜僧人，蓋是時董妃已卒，多情天子，念念不忘美人枕上，不覺送於老和尚發之。」說得頗有風趣。

　　世祖對董鄂氏所以如此深情，或許因為得之不由正

途，也即「來處不易」，玄宗之特寵楊貴妃也是一例，都由手段上的不正常而釀成特殊深厚的戀情。《長恨歌》云：「楊家有女初長成，養在深閨人未識。天生麗質難自棄，一朝選在君王側。」好像楊玉環原是待字深閨的少女而入選，這究是詩人為尊者諱的忠厚之筆，還是故弄狡獪？董鄂之入宮，就官文書看，也是以閨女而徑入後宮。要之，孝莊、順治母子的情慾生活，都留下一重疑案。

「皇后之寶」印

十八

智擒權臣

清世祖是患天花而死的，繼承其位的是他的第三個兒子玄燁，即聖祖。說來湊巧，聖祖嗣位的原因，卻又與天花有關。

天花古稱痘瘡，古傳的免疫法，是用天花病人的膿液或膿瘡痂製成的粉末吹進幼兒的鼻孔，使他們發燒，然後出現輕微的水痘，作為免疫的方法。但這種方法，並不是很有保證[1]。聖祖幼年時亦經過接種，還被隔離在一座寺廟中，所以他在兒時即和父母分離，結果臉上還是留下麻點，他的祖母太皇太后（即孝莊后）認為聖祖已出過天花，就不致像他父親那樣再得這種可怕的病症，因而讓他

1　中國在十六世紀時，已採用人痘接種法！也是世界上最先使用人工免疫法的先例，曾傳至歐亞各國。但最有效的免疫法，則始於一七九六年（清嘉慶元年）英國醫學家琴納的使用牛痘苗。

嗣位。比利時傳教士南懷仁，他在《韃靼旅行記》（見《清代西人聞見錄》）中，記他曾見到過聖祖，「臉上有點痘痕」，也可為證。

自然，聖祖的嗣位，並不完全由於這原因，他祖母的愛護聖祖，確是超過其他孫子，所以聖祖對這位祖母，也是始終感恩，特別孝順，在文詞中屢屢稱頌。孝莊一生，早年輔佐丈夫皇太極揚威於關外，中年扶保兒子福臨定鼎於北京，晚年護導孫子玄燁踐位於動盪之間，不但在有清一代是一個了不起的女能人，在歷代的后妃中，其才能手腕，也是屈指可數的。

聖祖即位時，年僅八歲。清朝制度，母后不得參預朝政，因此而有四大臣的輔政，也是世祖臨終時指定的。這四大臣是：索尼、蘇克薩哈、遏必隆、鰲拜，都是滿人，也是當年反對多爾袞的健將，故為世祖所信任。

開始時，四大臣尚和衷相處，到了後來，矛盾逐漸增加。這也是不難想見的，因為四大臣的權位既僅次於皇帝，皇帝又是個幼主，四大臣的旗籍不同，這也意味着派系不同，而人的權慾是無窮的，所以不可能不發生裂痕。

鰲拜是鑲黃旗人，他在四人中名次最後，而權慾最強，平日居功自傲，驕橫專擅，密結黨羽，擅殺廷臣。這使好些大臣深感危懼，要求聖祖親政，刑科給事中張維赤首先上疏，索尼相繼提出：「世祖章皇帝亦於十四歲

親政，今主上年德相符，天下事務，總攬裕如，懇切奏請。」索尼（正黃旗）即世祖孝誠仁皇后的祖父，他對鰲拜和蘇克薩哈的爭執很痛惡，但這時年紀已老，不久病逝。

索尼逝世後，聖祖看到鰲拜專橫日甚，四大臣已不能發揮原有的輔政作用，便於康熙六年七月，以輔政臣屢行陳奏為由，往奏祖母太皇太后（時年五十四），經允許後，即於七月初七日舉行親政大典。

蘇克薩哈（正白旗）是額駙（駙馬）的長子，和鰲拜原是姻親，但論事常和鰲拜相忤，久而積成仇怨。這時四大臣中已剩三個，蘇克薩哈耽心鰲拜對他的威迫會加重，心中頗為愁悶。聖祖親政後，便上疏奏陳，想到自己身患重疾，不能始終效力於皇上，請求往守先帝陵寢。聖祖乃旨諭議政大臣：「蘇克薩哈奏請守陵，如線餘息，得以生全。不識有何逼迫之處？在此何以不得生，守陵何以得生？其會議具奏。」這自然給鰲拜以可乘之隙，便羅織說這是蘇克薩哈不願聖祖歸政（其實是「夫子自道」），列舉罪狀二十四款，應如大逆論處，和蘇的長子查克旦一同磔死（古稱車裂），另外一些家族都要斬頭。聖祖知道鰲、蘇有積怨，沒有准鰲拜之請，鰲拜竟攘臂向前，強奏累日，最後便將蘇克薩哈處以絞刑，他的七個兒子，一個孫子，兩個姪子，以及族人前鋒統領、侍衛二名都遭斬

決，連同蘇克薩哈本人一共是十四條生命。這是聖祖親政後由鰲拜構成的一件大獄。

這時四大臣中除鰲拜外，只剩下一個遏必隆，又害怕鰲拜的淫威而不敢劾奏。康熙七年，侍讀熊賜履疏言：「朝政積習未除，國計隱憂可慮」，並引用宋儒程頤「天下治亂繫宰相」語，顯然是指鰲拜，但為聖祖所斥責，後又加鰲拜太師銜。當時有竊取鰲拜之馬的，他便捕而斬之，還連御馬羣牧長一同殺死。又如戶部滿籍尚書缺員，鰲拜想給瑪爾賽，聖祖卻給予瑪希納，鰲拜便援引順治間故事，強請除授。瑪爾賽死後，部臣請諡，聖祖不允，鰲拜擅令予諡「忠敏」。

這只是幾個例子。已可看出，鰲拜不把親政後的聖祖放在眼裏，但這時聖祖已非娃娃了，至少有一點他是懂得的：皇帝的權力誰也不能超越，皇帝作出的決定誰也不應當違反。鰲拜卻不止在一二件事情上和皇帝作對。

康熙八年五月，聖祖命議政王大臣逮治鰲拜，上諭中說：「凡用人行政，欺朕專權，恣意妄為。文武各官欲盡出伊門下，與穆云瑪等結成同黨。凡事在家定議，然後施行，且倚仗兇惡，棄毀國典，與伊相合者薦拔之，不合者陷害之。」接着，由康親王傑書等列陳鰲拜大罪三十款，議請給以革職、立斬、籍沒的處分。聖祖還親自審問，情罪俱實，「但念鰲拜在累朝效力年久，且皇考曾經倚任，

朕不忍加誅。姑從寬革職，籍沒，仍行拘禁」。後死於禁所。《清史稿》評云：「鰲拜多戮無辜，功不掩罪。聖祖不加誅殛，亦云幸矣。」俗語說：「瓦罐不離井上破」。意思是，瓦罐天天向井中汲水，井由磚石砌成，總有一天會撞得破碎。對於弄權逞威的鰲拜等人來說，倒是很巧妙的寫照。

　　但鰲拜之被治罪，是經過聖祖嚴密謹慎地佈置的，當初熊賜履上疏所以受到斥責，就因時機尚未成熟緣故。昭槤《嘯亭雜錄‧聖祖拿鰲拜》云：「余嘗聞參領成文言，國初鰲拜輔政時，凡一時威福，盡出其門。……嘗託病不朝，要上親往問疾。上幸其第，入其寢，御前侍衛和公托見其貌變色，乃急趨至榻前，揭席刃見。上笑曰：『刀不離身乃滿洲故俗，不足異也。』因即返駕。以弈棋故，召索相國額圖入謀劃。數日後，伺鰲拜入見日，召諸羽林士卒入，因而問曰：『汝等皆朕股肱耆舊，然則畏朕歟，抑畏拜也？』眾曰：『獨畏皇上。』帝因諭鰲拜諸過惡，立命擒之。聲色不動而除巨慝，信難能也。」確也表現了這位少年皇帝的智謀魄力。姚元之《竹葉亭雜記》說是聖祖居宮中時，每選滿洲小兒善撲者戲於前，鰲拜以聖祖童心好弄，益輕侮不介意。至是入見，遽為所擒，武俠小說《鹿鼎記》中描寫的擒鰲拜的情節，或即取材於此。

鰲拜

　　印鸞章《清鑒》，將鰲拜等四大臣的輔政，比作順治初多爾袞、濟爾哈朗之輔政，而鰲拜的橫暴過於多爾袞，一日之間，殺大臣數人，不臣之狀，業已顯著。蕭一山《清代通史》卷上云：「當時南北肅清，頗有可為；而鰲拜盤踞要津，朋比為奸，故康熙初政，頗無足紀。」正說明權臣與朝政關係的密切。

　　一切政變的核心是權力的爭奪，當時的鰲拜一派，已形成和皇帝相對峙的局面，如果任其跋扈下去，難保不有更重大的危害，所以，聖祖的擒治鰲拜，實際是皇帝發動的對權臣的一場宮廷政變。

康熙印

十九

快樂皇帝的煩惱

　　清聖祖八歲登位，六十九歲逝世，在位六十一年，是中國歷史上享國時間最長的一位皇帝。《清聖祖實錄》曾記他的話：自秦始皇以下，稱帝而有年號者二百一十一人，「在位久者，朕為之首」，亦可見其自負之狀。

　　他在五十七歲時，才有白須數莖，有人向他進烏須方，他笑而辭之：「自古帝王鬢鬚白者史書罕載，吾今幸而斑白矣。」（《聖祖御製文四集》）又説：「朕若鬢鬚皓然，豈不為萬世之美談乎？」從他的自我欣賞上，説得上是一位快樂皇帝了。

　　聖祖共有四位皇后，連同妃嬪，共有妻妾五十五人。又據《實錄》所載，聖祖的兒子、孫子、曾孫共有一百五十餘人。兒子一輩，除早殤的十一人外，成長的二十四人，女兒二十人。

　　兒子這麼多，又非一母所生，這在顯宦豪紳家庭，已

難避免此起彼伏的糾紛。帝王是家天下的，他們的家就是國的縮影，所以帝王的多子，更容易成為政變性紛爭的因素，這位快樂皇帝的後期，為此而帶來極大的煩惱。

清人在關外時，本無預立太子之制。聖祖本人，雖登位於入關以後，亦非由他父親（世祖）預立。但到他君臨中國後，卻一反祖制，預立儲君。

按照慣例，冊立的儲君必須是嫡子，即正妻所生之子，嫡子之中則立長子。聖祖諸子中，年齡最大的為直郡王允禔，生於康熙十一年（一六七二），聖祖原很寵愛，曾命他從征塞上。因他是惠妃納拉氏所生，非嫡出，即所謂庶出，所以未立為太子，這在允禔自未必心服，所以後來爭儲位時，允禔成為重要的角色。

第二個兒子為允礽，比允禔小二歲。他的母親是孝誠皇后赫舍云氏，即輔政大臣索尼的後代。可是在允礽墮地後，孝誠后就死了，年僅二十二。

皇長子允禔既因非嫡出而不得立，那末，儲位便落在皇二子允礽身上了。這時清政權雖已鞏固，各地仍有戰亂，聖祖的冊立太子，未始不是全面服膺漢化的表示，藉此以取得漢人的更多的擁護。詔書中即說：「自古帝王繼天立極，撫御寰區，必建立元儲。懋隆國本，以綿宗社無疆之休。」這不僅僅是粉飾性的門面話。

允礽之冊立，在康熙十四年十二月，出生只十八個

月，聖祖為二十二歲。慶典皆沿明朝的儀式，但因太子年幼，由乳母抱着受冊寶。這以後，便由乳母養育。宮闈中后妃所生的兒子，即使生母還活着，母子也很難時常接近的。

聖祖對允礽起先是很鍾愛的，説他「日表[1]英奇，天資粹美」，並親自為他講授四書五經。還有一點，孝誠后是聖祖第一個皇后，冊立時聖祖年僅十二歲，生下允礽即夭逝，對允礽的感情自然特殊些，曾説過「允礽乃皇后所生，朕煦嫗愛惜」的話。

太子六歲就學時，又慎選大臣兼名儒的張英、李光地等任師傅，後來又帶他出外巡視。太子本人，確也聰明英武，通曉滿漢文字，嫻習騎射。甫逾二十歲，就能代父親處置朝政。聖祖亦盛稱太子「其騎射言詞文學，無不及人之處」。約在太子十九歲時，還寫過「樓中飲興因明月，江上詩情為晚霞」的聯句。（見王士禎《居易錄》）徐世昌《晚晴簃詩匯》曾收錄允礽詩六首。

不想到了康熙二十九年（一六九〇），父子之間卻出現了裂痕。

這年七月，聖祖為實現祖母孝莊后的遺願，乃親征噶爾丹（蒙古的一個部族首領）。八月，患病於塞上，即召

1　古代亦以日喻帝王，如「日下」即帝都。「日表」指皇帝的儀表。

允礽及皇三子允祉至行宮。可是允礽看到父親病情，竟然毫無憂愁的表情，「絕無忠君愛父之心」，這使聖祖大為不滿。有人分析說，太子當時以為很快就可以繼承皇位。是否事實，現在無法斷言，但這件事引起聖祖的惡感則無疑義。後來廢太子時聖祖說「朕包容二十年矣」，就是以「侍疾無憂色」這一年為起點的。

康熙三十三年，太子已滿二十歲，禮部擬定祭奉先殿[1]儀注：祭時皇帝袞服出宮，至誠肅門下輦，洗手後乃就拜位，北面立，迎神，並疏請將太子的拜褥置於奉先殿內。聖祖不允，命移至檻外。禮部尚書沙穆哈等深恐日後得罪太子，奏請將諭旨記於檔案，聖祖大怒，還責問沙穆哈「記於檔案，是何意見？」遂將沙穆哈革職。

奉先殿置太子拜褥的奏疏，原是出於索額圖的指使。此人是輔政大臣索尼的第三子，太子生母的叔父，平時結黨營私，攫取權力，也是太子党的首腦。自從聖祖厭惡太子後，索額圖雖已退休，仍一再受聖祖嚴厲斥責，甚至斥為「誠本朝第一罪人也」。最後死於禁所。

置拜褥事件發生時，聖祖正當四十一歲的盛年，但我們已可看到，太子及其黨羽的權勢已很喧赫，隱然欲使太

1　奉先殿，順治十三年詔建，在景運門東北，因供奉的是皇帝的祖先，所以是皇宮內的太廟。

子和聖祖分庭抗禮，沙穆哈等原在為自己留後步，而聖祖已察覺其隱情，故而加以遏制，這樣也更激起太子對聖祖的敵意。聖祖後來就說過允礽要想為索額圖復仇的話。但這時聖祖還是容忍的，自也有他委屈的苦衷。

到了第二年，他還為太子冊妃，可見他對允礽仍有所期望。

康熙四十四年，太子隨聖祖南巡。四月，至江寧府。兩江總督阿山為取悅太子，授意江寧知府陳鵬年在轄區增加賦稅。鵬年素性耿介不阿，予以拒卻。後聖祖駐龍潭，見御榻上有污物，大怒，太子便把責任推在陳鵬年身上，鵬年幾乎被處死，賴江寧織造曹寅力諫而得免。

聖祖為人較為仁厚，而允礽卻對諸王、大臣等任意凌虐，恣行捶撻，如平郡王訥爾素、貝勒海善，這些人就因不依附允礽的緣故。

聖祖宮中雖然多妃嬪，卻絕不向市井冶遊尋歡，如他自己所說：「從不令外間婦女出入宮掖，亦從不令姣好少年隨侍左右。守身至潔，毫無瑕玷。……今皇太子所行若此。」又說他巡幸時「或駐廬舍，或御舟航，未嘗跬步妄出，未嘗一事擾民。乃胤（允）礽同伊屬下人等，恣行乖戾，無所不至」，以致「令朕報於啟齒」。康熙四十七年，朝鮮使者向國王奏摺中說：「百姓議論，太子不忠不孝，他暗中蒐集民間婦女。」五十一年，又奏報說：「太子不

改沉溺於酒色之舊習，他私派心腹到十三個富庶的省份勒索財富，強奪美女。」這是得之於民間的議論，可見允礽生活上的放盪，已經盛傳於民眾之口，也確實喪失了皇家的體統，東宮的威嚴，聖祖説的「今皇太子所行若此」，實亦老父的傷心之言。

聖祖向以仁孝自勵，允礽所作所為雖使他痛恨，但他還是容忍着，也可説是姑息，但矛盾也在激化中。

皇太子宝
（允礽用）

二十

塞上廢太子

聖祖後宮中，有幾個漢軍旗的婦女，如密妃王氏、勤妃陳氏、襄嬪高氏等。滿漢雖不通婚，而漢軍旗的女子則可入後宮。如順治時定南王孔有德（漢軍正紅旗）之女孔四貞，世祖一度想冊立為妃，後知其已許字孫延齡而作罷。吳偉業《仿唐人本事詩》之一云：「聘就峨眉未入宮，待年長罷主恩空。旌旗月落松楸冷，身在昭陵宿衛中。」即詠四貞事。

在聖祖的漢族諸妃中，最寵愛的是密妃王氏。她的家世不詳，僅知其生子三人：允禑、允祿、允祁。聖祖還讓耶穌會畫家為她畫像，高士奇在《蓬山密記》中，記聖祖准許他觀看密妃之像：「爾年老，久在供奉（指曾值南書房），看亦無妨。」可見密妃之深受寵倖。

康熙四十七年（一七○八），聖祖巡幸塞外，皇太子允礽、皇長子允禔、皇十四子允禵等皆隨行。允祁是皇

十八子，年僅八歲，亦隨行。到了中途，允礽患上重病，可能因年幼而初到塞外緣故，這時又成為加深聖祖對允礽惡感的一個契機，《清史稿》允礽傳云：「皇十八子抱病，諸臣以朕年高，無不為朕憂，允礽乃親兄，絕無友愛之意，朕加以責讓，忿然發怒。每夜逼近布城，裂縫竊視。從前索額圖欲謀大事，朕知而誅之，今允礽欲為復仇。朕不卜今日被鴆，明日遇害，晝夜戒慎不寧。」允礽患病，允礽「絕無友愛之意」，這還不能算是大罪名，但下文裂縫竊視，晝夜不寧兩節，如果屬實，就是逆子的行為。「從前索額圖欲謀大事」句，王氏《東華錄》作「從前索額圖助伊潛謀大事」，語意更為明顯，也便是要發動政變。

聖祖怎麼知道允礽裂縫竊視？那是因為允禔暗中監視之故。允禔以皇長子而不得立為太子，他對允礽自然要看作死對頭。這說明父子、兄弟之間的關係，已經激化到這個地步了。

允礽和索額圖的潛謀，當在康熙四十一年允礽在德州養病，召索額圖前往侍疾時。聖祖在斥責索額圖的諭旨中有這樣的話：「去年皇太子在德州時，爾乘馬至皇太子中門方下，即此是爾應死處，爾自視為何人耶？朕欲遣人來爾家搜看，恐連累者多，所以中止。」索額圖所以敢於乘馬至皇太子中門方下者，正因為自恃為太子親信，太子正需要他劃策支持的緣故。孟森《明清史講義》第二章對此

事評云：「又云若搜看其家，恐多連累，則又非失禮而有犯逆，且不可使有連累，則顧忌甚切，自屬為太子地矣。然則索額圖助太子謀逆之案，早發覺於五年之前，太子不悛，又日日在防範之內，廢太子之禍，固已迫在眉睫矣。」

聖祖此時尚在塞上，他本來想回京告祭奉先殿后再行廢黜，正因「迫在眉睫」，便在返京途中，駐布爾哈蘇台時，即召集諸王、大臣、侍衛等於行宮前，皇太子跪在地上，聖祖垂淚宣皇太子種種罪狀，最後說：「似此不孝不仁，太祖、太宗、世祖所締造，朕所治平之天下，斷不可付此人！」（見《清史稿》）諭畢，聖祖不覺痛哭僕地，由諸大臣扶起。就在這一剎那間，人性的閃光在這位五十五歲的皇帝身上一掠而過。

接着，便將允礽拘禁，命允禔監視，又誅索額圖的兩個兒子格爾芬、阿爾吉善及允礽親信四人，其罪稍輕者遣戍盛京（今遼寧瀋陽）。這一獄所牽連者只幾個旗下無名人員。事後，聖祖又諄諄曉諭：應該法辦的已經法辦了，事情已經了結，「餘眾不更推求，嗣後雖有人首告，朕亦不問，毋複疑懼。」

聖祖所以這樣懇切寬慰臣下，亦因這時各地變亂仍在起伏中，故而內部更須力求安穩，這裏可以舉朱三太子案為例。

康熙四十七年四月，山東巡撫趙世顯拿獲朱三（太子）

父子，上諭解往浙江，交與奉差專辦此案的戶部侍郎穆丹。

這個朱三太子叫朱慈煥，他在排行中實是第四，明代封定王。真正的明思宗的太子，已於順治年間被殺，清廷還說這是歹人假冒，故應處死。到了康熙間，「朱三太子」便成為懷念明裔的一種公名，但朱慈煥本人實未參預過反清活動。

明室亡時，他才九歲，倉皇出奔，流離顛沛。十三歲到了鳳陽，遇一姓王的老鄉紳，曾任明朝諫官，細詢根由，執手悲泣，乃留在王家，姓亦改「王」，其情景仿佛杜甫《哀王孫》中所描寫的。王紳病故後，朱三乃至一佛寺中削髮為僧，偷生度日。後又往浙中，結識了一個姓胡的餘姚人，亦明時官員後裔，兩人談經論文，胡頗欽佩朱三的才學，勸他還俗，並將女兒嫁給他。

康熙四十四年，慈煥在寧波識秀才張月懷，後來別人亦稱他張老先生。不久，慈煥見張月懷行事不安分，便帶家眷避居湖州長興縣。後風聲吃緊，寧波、鎮海都「一步一步挨查」。此時慈煥已有子孫，聞得事發，妻女六人，都先上吊自盡，三子一孫，被捕收監。慈煥躲避流亡。四十七年，官府於謀反首領張念一口供中，得悉慈煥行蹤，遂在山東被捕，押解京師受審，這時他已經七十五歲了。

當慈煥經浙江遭審問時，官府問他：「朝廷待汝不薄，何為謀反呢？」慈煥答道數十年來，改易姓名，只

是為了避禍。清廷有三大恩於前朝，吾感戴不忘，何嘗謀反？問他什麼三大恩？答道：今上誅流賊，與我家報仇，一也。凡我先朝子孫，從不殺害，二也。朱家祖宗墳墓，今上躬行祭奠（指聖祖祭明孝陵），三也。「況吾今七十五歲，血氣已衰，鬢髮皆白，乃不作反於三藩叛亂之時，而反於清寧無事之日乎？」

朱慈煥的供辭，該是誠實可信的，可是清廷還是以「朱某雖無謀反之事，未嘗無謀反之心」為罪名將他殺死。這種誅心之論，原是刀筆吏的慣技，在清代文字獄中，由誅心而誅身的，屢見不鮮。孟森評云：「是為清開國以來數十年所危疑驚悚，必得而甘心之朱三太子，由此結束，身及子孫皆被殺，妻女兒婦先投繯以殉，未被拘獲。」而當明思宗殉國時，先視后妃畢命，又手斬昭仁公主，而使太子二王出宮，各投外家，教以混跡民間，「豈料事隔六十餘年，有子再為清室所戮，婦女義不受辱，與烈皇時用意同。明之帝室嫡裔，至此始斬。是亦烈皇殉社稷之遺意也。」孟氏對順治初之殺故明太子，認為當時天下未定，多爾袞用事，尚不足責。「至後六十餘年，康熙中葉以後，乃又殺烈皇第四子慈煥，則太過矣。」說得極為警辟。

1　詳見孟森《明清史論著集刊》上冊《明烈皇殉園後記》一文，文中引魏聲和《雞林舊聞錄》，記朱慈煥始末甚詳。

　　朱慈煥於明室為帝子骨肉，於新朝則為種族上的殘
敵，清人自非斬草除根不可。清帝之祭明孝陵，並非有愛
於亡明，實是籠絡漢人的一種手段。聖祖諸子，於宮中是
一父所生的手足至親，於儲位上則為勢不兩立的勁敵，
允礽首次廢黜之後，宮廷政變的火苗，實已在暗中迎風
閃爍。

　　朱三太子案與聖祖廢太子案發生於同年，由此及彼，
故附書之，或亦可供研討清史者之玩味。

二十一

東宮無主後的波瀾

允礽被廢，東宮無主，這自然引起那些有野心的皇子的慾望。聖祖已經看到這一點，所以有「諸阿哥（皇子）中，如有鑽營謀為皇太子者，即國之賊，法斷不容」（《聖祖實錄》）的告誡。這口氣算得嚴厲了，但皇太子就是未來的皇帝，在皇權高於一切的時代，誰不想取而代之呢？這裏先說允禔。

允禔是皇長子，人也能征慣戰，只因庶出，不能進東宮，但對決意爭奪儲位者，這一界線隨時可以超越。

允礽被拘禁後，曾命允禔前往監守，但聖祖同時明白宣示：「朕前命直郡王允禔善護朕躬，並無欲立允禔為皇太子之意。允禔秉性躁急愚頑，豈可立為皇太子？」聖祖為什麼要說這些話？不正說明允禔的躍躍欲試的圖謀，外間已在傳播，而為聖祖所察知麼？聖祖廢太子後，未必不有懊悔之意，所以不願在短時期內再立其他人為太子。

允礽被廢不久。聖祖又下了一道內容離奇的諭旨給內大臣等：「近觀允礽行事，與人大有不同，晝多沉睡，飲酒數十巨觥不醉。每對越神明，則驚懼不能成禮，遇陰雨雷電則畏沮不知所措。居處失常，語言顛倒，竟類狂易之疾，似有鬼物憑之者。」從現代醫學上來說，允礽遭到這樣嚴酷的打擊，因而精神錯亂，也是很普通的事情。事實上卻並非如此。

幾天後，聖祖又召集王公大臣於午門宣諭，先說幾句允礽的優點，「且其騎射言詞文學，無不及人之處」，接下來說「今忽為鬼魅所憑，蔽其本性，忽起忽坐，言動失常，時見鬼魅，不安寢處，屢遷其居。」從詞意看，聖祖本人也相信鬼魅在侵擾允礽，甚至將允礽過去的逼近幔城、裂縫窺伺的行為，也說成是鬼物在作祟。等於說，這罪行應當由鬼魅來承當。

第二天，又諭告諸皇子：「拘禁允礽時，允禔奏：允礽所行卑污，大失人心，相面人張明德曾相允禩，後必大貴。今欲誅允礽，不必出自皇父之手。」這是在挑動聖祖殺死允礽。聖祖大為震怒，將允禔痛罵一通，說是天理國法所不容的亂臣賊子，並將張明德斬首。

最後，允礽所以發生狂疾的原因被查出來了，原來是允禔用蒙古喇嘛暗中詛咒，以術鎮壓。允禔為此而被囚禁於自己府第中，命十七人輪流看守，如有疏忽將遭族誅。

告發允禔陷害允礽的人是允祉。他是皇三子，懂得天文、音樂和算法，很受聖祖器重。平日和允礽很親近，但非允礽之黨，也非允禔的宿敵，在這個關頭，他卻給廢太子的前程帶來一線光明。

允礽隨即被聖祖召見，對他的「狂疾」，有這樣意味深長的話：「朕竭力調治，果蒙天祐，狂疾頓除，不違朕命，不報舊仇，盡去其奢費虐眾種種悖謬之事，改而為善，朕自另有裁奪。」說明聖祖對廢太子還是有深情的。

廢太子復立後（詳見另篇），允祉進封誠親王。允祉為人，深沉而工於心計。他告發允禔，也是投聖祖之所好。他很有才能，聖祖對他的愛重，不在胤禛（即世宗）之下，到他北京和熱河園林中遊宴就達十八次。康熙三十七年，編修《古今圖書彙編》（即後來的《古今圖書集成》）時，總裁為陳夢雷，而由允祉主持其事，兩人因此有深誼。

在爭奪儲位過程中，允祉是否有覬覦的意圖，史冊上尚無明文記載，但他是皇三子，又頗受聖祖的信重，胤禛當然要把他看作一個政敵。

胤禛登位後，對付他的兄弟採取幾種不同的手段，如怡親王允祥，對胤禛一向忠誠，所以極受優遇，死後親臨祭奠，上諭中有「自古無此公忠體國之賢王，朕待王亦宜在常例之外」語。聖祖諸子的名字，本來都以「胤」字帶頭，胤禛即位後，他的諸兄弟名字皆改「胤」為「允」，

但允祥死後，將「允」恢復為「胤」，以示獨特的哀榮。

還有讓他們終養天年的，有看作死對頭而嚴懲的，如允禩、允禟、允䄉等。對允祉，則先從處分陳夢雷開端。

陳夢雷早年因耿精忠謀成案而受株連，被遣戍關外，後被召還，入館修書，成為允祉的助手。夢雷《蟹目襪》詩有云：「憶昔在遼左，鰥居少僕婢。天潢延作師，寒暑歷三季。」可見他和允祉情誼之親密。胤禛登位後，以夢雷本是逆案中人，聖祖從寬處理，將他安置在修書處，他卻不思悔過，招搖無忌，因聖祖既寬恩在先，就不再加刑，但京師斷不可留[1]，便將陳夢雷父子發遣黑龍江。對陳夢雷包庇疏縱的官員如刑部尚書陶賴等，都給予處分。

與此同時，命允祉守護聖祖之墓景陵（在今河北遵化昌瑞山），也即將他逐出樞廷。但這只是第一步。

雍正二年（一七二四），允祉兒子弘晟得罪，削去世子爵，降為閒散宗室。

雍正八年五月，世宗對允禩、允禟等主要政敵已經收拾完畢。同月，怡親王允祥逝世，允祉後至，等到宣讀諭旨時，眾皆嗚咽悲泣，允祉卻早已回家。每日舉哀之時，全無傷悼之情。世宗乃命宗人府一批親貴定議回報。經

1　此據王氏《東華錄》，乾隆時蕭奭著《永憲錄》，作「上（指世宗）以夢雷係從逆之人，不便留誠親王處。」意更明白。

過審議，宗人府列舉諸大罪狀，如對聖祖患病時，「毫無憂感，且懷冀幸之意」，意思是允祉懷僥倖之心，想繼承皇位，下面也說「素日包藏禍心，希冀儲位，與逆亂邪偽之陳夢雷親昵密謀，遂將陳夢雷逆党周昌言私藏家內，妄造邪術」。綜合其他事狀來看，允祉是集不孝、妄亂、狂悖、欺罔等等諸大罪行於一身的人，宗人府主張將他父子立即正法，世宗卻覺得「朕心有所不忍，始從寬曲宥，革去親王」，囚禁於景山永安亭。隔了兩年，允祉就死了。

孟森《明清史講義》下冊，針對《上諭旗務議覆》中世宗宣佈的允祉罪狀，加以評駁，且極為精確，如上諭說：「誠親王允祉，自幼即為皇考之所厭賤，養育於外，年至六歲，尚不能言，每見皇考，輒驚怖啼哭。」以此而成為議罪的例證，實在是很可笑的。不知世宗在六歲時，見了他父親，有沒有「驚怖啼哭」的表現？

孟氏最後說：「今所謂喪心蔑理，無過怡王之喪臨哭不哀一款，其餘皆任意誣衊之辭。其實則陳夢雷、楊文言為所忌之人，《古今圖書集成》《曆律淵源》二書為所忌之物。是為清皇室之文字獄。」因為陳、楊所修之書，能夠替允祉博聖祖之歡心，而允祉又知世宗嗣位真相，辭色之間，既不竭誠輸服，且將有發其隱覆之嫌，於是而為世宗所狠忌。

鄧之誠《清詩紀事初編》卷八陳夢雷小傳云：「當儲

位未定，諸人妄臆誠親王依次當立，欲趨其門，故交結夢雷，以至俱敗。」這也不為無見。但允祉的實力太單薄，在茫茫政海中，不能起大風大浪的作用。

最不幸的是陳夢雷。耿精忠之變，授夢雷偽職，他打算與同年生李光地合進蠟丸報虛實，為兩人保身家之計，光地卻據為己功。事變平息後，光地擢學士，而夢雷以從逆論斬。夢雷刻行與李光地絕交書，責其欺君賣友，護短貪功。徐乾學、王掞皆為夢雷不平，乾學密為開脫，始得減死流放。後召還至京，又因宮闈之爭而重戍塞外。《清史列傳・李光地傳》曾收錄光地為夢雷辯白的疏文，當是徐乾學代作。

和碩怡親王
胤祥印

陳夢雷印

二十二

太子的再立與再廢

皇太子允礽既廢之後，儲位形成真空，凡是有實力的皇子，不管嫡出庶出，都想做撲燈之蛾。他們自成集團，各結親信，於是而有皇長子党（允禔）、皇四子黨（胤禛）、皇八子黨（允禩）。這時聖祖已經五十五歲，在古人已為垂暮之年。他的心境為此而煩悶消沉，「無日不流涕」，這也不難理解。而且允礽雖有過失，究非大惡，廢黜之後，諸皇子結黨營私，以骨肉而成為仇敵，為人父的，怎不痛心？諸黨之中，以允禩一夥最為強橫，聖祖上諭曾說：「八阿哥到處妄博虛名，凡朕所寬宥及所施恩澤處，俱歸功於己。人皆稱之，朕何為者？是又出一皇太子矣。」後來便將允禩鎖拿，交與議政處審理，革去貝勒爵位。

據《聖祖實錄》，聖祖曾對幾個親貴說：「近日有皇太子事，夢中見太皇太后（聖祖祖母）顏色殊不樂，但隔

遠默坐，與平時不同，皇后亦以皇太子被冤見夢。」如果說，這段記載是可信的話，那就說明，聖祖平日對廢太子一事，常在懊悔，而太皇太后和皇后，又是他所敬愛的人，因而會有這種夢境，如俗語說的「日有所思，夜有所夢」。聖祖為什麼要將夢境告訴近臣，用意自然十分明白。

後來又對諸大臣說：「朕進京前一日，大風旋繞駕前，朕詳思其故，皇太子前因魘魅，以至本性汩沒耳。因召至左右，加意調治，今已痊矣。」諸臣便答說：廢皇太子病源已得治療，實為國家之福，請皇上立即作出決斷，頒示諭旨。說罷，隨即退出。

過了一會，又召諸臣進去，問道：「羣臣皆合一否？」諸臣回答道：「臣等無不同心。」聖祖說：「爾等既同一心，可將此御筆朱書，對眾宣讀，咸使聞知。」諭旨的大意是：從前拘禁允礽，未曾謀之於人，每念前事，不安於心。經過體察，允礽的過失有的是符合實情的，有的全無風影，他的病也已逐漸痊癒，故令護視，「仍時加訓誨，俾不離朕躬。今朕且不遽立允礽為皇太子，但令爾諸大臣知之而已。允礽斷不報仇怨，朕可以力保之也。」

第二天又召見允礽和諸大臣，告諭說：允礽本來為朝臣稱頌，後來聽信匪人之言變壞了。現在看來，他雖有打傷人事，並未致人於死，亦未干預朝政，他的打人等事，皆由允禔魘魅所致，允禔還想謀害允礽，所以將允礽由上

馴院搬到咸安宮。後又單獨告誡允礽，絕對不可懷念舊恨宿仇，如果有人為了討好你，為你稱冤，你就馬上將他捉起，向我奏報。

不過，聖祖對允礽，只是說釋放，並未明示覆立。

這段記載富於戲劇色彩，也表現出聖祖的手腕和苦心。他問諸大臣是否同心，說明諸大臣對允礽的態度並不一致，這也在估計之中。當時諸皇子朋黨林立，對允礽自然有親有疏，聖祖問到他們，只好說「臣等無不同心」。其次，聖祖對允礽再三申誡，獲釋以後，決不可報復尋仇。報復是一種心理發洩，在民間已是家常便飯，何況是帝王家的子弟。這一點，是最使聖祖耽心的。

允礽原不是好惹的，從當初被廢黜而遭拘禁時的情緒看，他就並不服帖。

故宮博物院《文獻叢編》第三輯，記聖祖廢太子後，將「告天文」命允禔等給允礽看，其中有這樣的一段話：

二阿哥（允礽）說：「我的皇太子是皇父給的，皇父要廢就廢，免了告天罷。」大阿哥（允禔）將此語啟奏時，聖祖說：「他的話都不成話。做皇帝的受天之命，豈有這樣大事可以不告得的麼？以後他的話，你們不必來奏。」大阿哥將此旨意傳與二阿哥，二阿哥又說：「皇父若說我別樣的不是，事事都有，只是弒逆的事，我實無此心，須

代我奏明。」大阿哥說:「旨意不叫奏，誰敢再奏？」大
阿哥辭色甚不好。

　　後來由於九阿哥允禟覺得此事關係甚大，便向聖祖奏
告，很受聖祖稱讚:「九阿哥說的是，便擔了不是也該替
他奏一奏。」允礽起先說的話很放肆，可見他的不服氣，
但後面說的卻是實情。所謂弒逆之事，即指允礽在塞外窺
視布城事，其實也是允禵故作危言。後來允礽師傅李光地
便對聖祖說:「帳殿之警，上果稔其主名必無刺謬乎？」
聖祖默然，後乃云:「此直為鬼物所戲耳，何喪心至是？」
光地又說:「臣幸荷爵祿，鬼物猶不敢干犯，況天潢之冑
乎？」他直率指出，允礽的過錯，在於居尊榮的地位而養
成性格上驕傲放肆緣故，改過的辦法則在清心寡欲。（李
清植《李文貞公年譜》）這倒分析得合情合理。

　　康熙四十八年（一七○七）三月，廢太子允礽終於復
立。復立的原因，一是藉此穩定內部，消除各皇子之間的
傾軋紛爭，所以諸子中有的晉封親王，有的晉封郡王。二
是太子党中最起作用，而又對聖祖的君權威脅最大的是索
額圖，而這時索額圖已被處死。

　　到了五十年十月，聖祖發覺諸大臣為太子結党會飲，
其中有步軍統領托合齊，尚書耿額、齊世武等。後來又查
悉齊世武、托合齊在別一事件上受賄二三千兩，二人因而

被處以絞監候的重刑。上諭說：「諸事皆因允礽。允礽不仁不孝，徒以言語貨財囑此輩貪得諂媚之人，潛通消息，尤無恥之甚。」這話很抽象含混，受賄二三千兩，在當時官場中極為平常。太子和幾個大臣同飲，也不能說是結黨，審訊時諸人都齊口否認，有的只說彼此「延請」過。

但透過現象看實質，太子企圖重新結納親信，擴張勢力的慾望也是存在的。這時他已經三十五歲，而其他幾個皇子的聲勢仍很顯赫，他怎麼不耽心會重出變故？外間就已有「東宮雖復，將來恐也難定」的話，這話並非無的放矢。朝鮮《李朝實錄‧肅宗朝》卷五四，記太子曾出怨言：「古今天下，豈有四十年太子乎？」他的急不可待的心理攻勢，不難於此二語中窺視。朝鮮會知道，諸皇子豈會不聽到？藉此而中傷太子，正是大好的把柄。說到底，太子就是想趕快即位做皇帝。

其次，為聖祖所處分的步軍統領托合齊，是太子乳母的丈夫凌普的朋友，曾任內務府總管，凌普的貪橫弄權為聖祖所深知。步軍統領即九門提督，正一品，等於後來的京區衛戍司令兼警察署長，如果成為太子的死黨，聖祖就難以駕馭。當初索額圖擔任的領侍衛內大臣[1]，也是正一

1　清制，武職之正一品官與文職之大學士相當者，即為領侍衛內大臣，掌統領侍衛親軍。

品，也是握大權的要職。現在去了索額圖，來了托合齊，也使聖祖放心不下。於是至康熙五十一年十月，又將皇太子允礽黜廢，禁錮咸安宮。從此，他就不想再立太子，其間雖命大學士、九卿等裁定太子儀仗，終未使用。

至五十四年，允礽的福晉石氏患病，有一個賀孟醫師來為她治病，允礽用礬水[1]寫字，囑賀帶信給正紅旗都統普奇，要普奇保舉允礽為大將軍，後被宗人府發覺，賀孟、普奇皆獲罪。

雍正元年，下詔於山西祁縣鄭家莊修蓋房屋，駐紮兵丁，將移允礽居之。允礽於二年冬病逝，也便是死在鄉村之中，世宗追封為和碩理親王。

允礽的再廢，發動者為聖祖，故也可謂防止政變的政變。如不廢，允礽父子之間，兄弟之間的糾紛必將愈演愈烈。

1　溶有明礬的水。用礬水在紙上寫字，乾了以後看不到字，再次浸入水中又變成藍色而顯現出字。

二十三

世宗登位之謎

　　清世宗胤禛，聖祖第四子，母烏雅氏，初封德妃。現在北京安定門內的雍和宮，就是他為皇子時所居的王府，後來稱為「潛邸」。乾隆時改為喇嘛寺，今為全國重點文物保護單位。因為雍和宮中有「歡喜佛」，所以也引起遊客的興趣。

　　清代皇帝之入承大統，最為後人懷疑和議論的，莫過於世宗，頗似宋初「燭影搖紅」的疑案。直到現在，還成為有爭議的宮闈隱祕。主要可分為兩派，一派認為世宗是用陰謀篡奪的，聖祖生前並不想把帝位由四阿哥繼承，另一派則相反，認為並非篡奪，是聖祖生前既定事實。

　　先說一說聖祖從得病至逝世的一段過程。

　　康熙六十一年（一七二二）十月二十一日，聖祖往南苑打獵。南苑一名南海子，在北京永定門外。十一月初七，因患感冒，返回西直門外暢春園（地名為海淀，屬宛

平縣）。初九那天，他因自己有病，命世宗代行南郊冬至祭天大禮。初十至十二日，世宗每天遣護衛及太監至暢春園問安，均傳諭「朕體稍愈」。至十三日病情惡化，召世宗從齋所[1]速回，接着又召皇三子允祉、皇七子允祐、皇八子允禩、皇九子允禟、皇十子允䄉、皇十二子允祹、皇十三子允祥（皇十四子允禵這時出征在外）、理藩院尚書、步軍統領隆科多至御榻前，諭曰：「皇四子人品貴重，深肖朕躬，必能克承大統，着繼朕即皇帝位。」這是載於《大義覺迷錄》中世宗自己說的話。

至十一月十三日戌刻（十九點至二十一點）卒於暢春園，年六十九，後人也有稱為「暴卒」的。

又據《覺迷錄》所記，世宗從齋所趕到時，聖祖只說「症候日增之故」，並沒有說到嗣位問題。等到聖祖瞑目後，才由隆科多告訴他，而隆科多並非聖祖信悅之人，故史家稱隆科多為「口銜天憲」。

隆科多口傳遺詔之後，允禩、允禟的反應又怎樣呢？

據《覺迷錄》：「夫以朕兄弟之中，如阿其那[2]、塞思

1　皇帝祭天時居住的地方。
2　阿其那，一說滿語原義為去馱着你的罪行吧。一說是轟趕狗的意思。這裏指允禩，將他比作轟出門去的討厭的狗。

黑[1]等，久蓄邪謀，希冀儲位，當茲授受之際，伊等若非親承皇考付朕鴻基之遺詔，安肯貼無一語，俯首臣伏於朕之前乎？」

這是說，允禩、允禟對世宗的嗣位是很服帖的。可是就在這一卷中，卻有這樣的記載：「皇考升遐之日，朕在哀痛之時，塞思黑突至朕前，箕踞對坐，傲慢無禮，其意大不可測。若非朕鎮定隱忍，必至激成事端。」

又據《世宗實錄》：「聖祖仁皇帝賓天時，阿其那並不哀戚，乃於院外倚柱，獨立凝思，派辦事務，全然不理，亦不回答，其怨憤可知。」

這兩段記載，我倒覺得真實可信：阿其那、塞思黑的「貼無一語」，並非出於真心，是被迫的；「箕踞對坐，傲慢無禮」及院外凝思云云，雖有文字上的做作飾染之處，卻還是讓我們窺見了真實而自然的內心反射，在他們其實是統一的。有的學者推測，這遺詔是假的，固然可備一說，但即使不假，仍有可供我們玩索餘地：這時聖祖病情，至少已到半昏迷狀態，已無自主能力，盡可由隆科多上下其手！予取予求，他可能表示過可由世宗嗣位，但是否出於他本人自主性的意志呢？

1　塞思黑，一說滿語原義為去顫抖吧。一說是野公豬刺傷人的意思。這裏指允禟，將他比作刺傷人的可恨的野豬。

今天在研討世宗嗣位這一疑案時，最令人為難的，就是我們看到的資料，如《清實錄》之類，都是官方文件。世宗在這一疑案中，既是被告又是原告，不管將他放在哪個位置上，如果單看官方文件，都是對他有利的：他作為被告，我們無法提出信而有征的強有力的證據，證明他是篡奪的；他作為原告，他卻說得理直氣壯，有憑有據。

所以，我們只能旁敲側擊地從某些夾縫中窺測若干跡象，實在也是怪可憐的。蕭奭《永憲錄》卷一中有這樣一段記載：

上宴駕後，內侍仍扶御鸞輿入大內。相傳隆科多先護皇四子雍親王回朝哭迎，身守關下，諸王非傳令旨不得進。次日至庚子，九門皆未啟。又，上大漸，以所帶念珠授雍親王，余詳後《覺迷》上諭。

一般史書上用「相傳」二字，表示不一定是事實，傳位、嗣位都是頭等大事情，蕭奭為什麼要用這兩個字？隆科多先護皇四子回朝，如果是事實，就不應用「相傳」；如果不是事實，只是傳說，為什麼偏要寫上？從甲午至庚子是七天，九門都未開啟。清代京師的九門，指外城的正陽、崇文、宣武等九個城門，而隆科多這時正擔任提督九門步軍統領。聖祖卒於十一月十三日，世宗至二十日辛丑

才始正式即位，那末，「非傳令旨」的「令旨」到底指誰的？當然指世宗。怎麼未即位就可傳令旨了？蕭奭在上文中明明寫着「皇四子雍親王」。而字裏行間，又寫得那末緊張詭祕。不管世宗的皇位是否得之於篡奪，但從蕭氏的這段短短記載中，誰都會體會到，一場宮廷政變正在展開，或者説，已將結束了。

蕭奭是乾隆時人，自序中自稱「草澤臣」，對世宗的承統極口諛揚，説是光明正大，而愚氓浮議，全由「一二奸頑造作無稽，以污人聖德」，這些是門面話，當時不容你不説，鄧之誠跋文中很推崇此書，還説：「永憲者，永其（指世宗）惡也。」這可能是附會，但亦見世宗登位的「浮議」，直到乾隆時，還是在傳播着。

《永憲錄》又記：「又上大漸，以所帶念珠授雍親王。」意味着聖祖欲將皇位授於雍親王。「大漸」指病至彌留狀態，這時聖祖的神志是否這樣清醒？果真如此，他為什麼不對雍親王明白宣告即位之事，非要等到隆科多來轉達？世宗自己曾説：「隆科多乃述皇考遺詔，朕聞之驚慟，昏僕於地。」即是説，他是出於意外的，如果確有授念珠之事，那末，心中早已有數了。

朝鮮《李朝實錄·景宗實錄》也記聖祖病劇時，「解脱其頭項所帶念珠與胤禛，日：此乃順治皇帝臨終時贈朕之物，今我贈爾，有意存焉，爾其知之。」更加説得神乎

其神，把聖祖説得像健康人一樣，連六十年前順治皇帝給他念珠的事情也記得。這是很難使人相信的。而這種傳奇性的傳説，當是世宗的親信編造，然後由中國傳至朝鮮。

另一方面，我們對於有些傳説，也不能輕易相信，如《覺迷錄》所載：「聖祖皇帝在暢春園病重，皇上（指世宗）就進一碗人參湯，不知如何，聖祖皇帝就崩了駕，皇上就登了位。」那是説，聖祖是被世宗毒死的，後世因而有謀父之説。

聖祖得病於十一月初七，逝世於十三日，固然死得倉猝，但這在六十九歲的老人，也並非特別希罕之事，如心臟病之類。聖祖病情的日益嚴重，是世宗所看到的，而當時京師地區，已為隆科多所控制，世宗對於皇位的獲取，原是很有把握，何必冒這樣大的風險？這樣做反而對他不利。以世宗的精明機智，豈有不考慮之理？世宗入承大統的疑點固然很多，但謀父之説，顯然是政敵捏造的誣陷之詞。《論語・子張》記子貢之言曰：「紂之不善，不如是之甚也，是以君子惡居下流，天下之惡皆歸焉。」這話是很有道理的。

二十四

十四子與四子的公案

　　和謀父之說同樣不可信的，還有一件十四子與四子的公案。

　　世宗有一個同母弟允禵（即胤禎），生於康熙二十七年（一六八八），比世宗少十歲，在聖祖諸子中的排行為第十四，初封貝子，為宗室封爵的第四級。

　　允禩（塞思黑）對允禵很欽重，說他聰明絕頂，「才德雙全，我兄弟內皆不如」。（《大義覺迷錄》）但他不是允禩、允禟一黨。

　　允禵對儲位的爭奪也是很迫切的，如廣泛聯絡漢族士大夫，當時曾有「十四爺虛賢下士」的說法。

　　康熙五十六年（一七一七），蒙古準噶爾部進犯西藏，清軍於作戰中頗受挫折。次年十月，聖祖任允禵為撫遠大將軍率兵出征，並由貝子超授王爵，這是破格的待遇。但究竟封什麼王，不詳，允禵奏疏中只自稱「大

將軍王」。

出師前夕，聖祖親至堂子[1]行禮。出師之日，允禵乘馬出天安門，諸王大臣皆往德勝門軍營送行。聖祖命允禵用正黃旗旗纛，照依王纛式樣。隨同出征的，有「內廷三阿哥」，都是聖祖孫子輩，還有郡王、親王數人。

準噶爾部的屢屢侵攻，為清初西北一大邊患，所以聖祖對這次用兵非常重視，也說明他對允禵的倚重。

康熙五十九年冬，定西將軍噶爾弼部進入拉薩，安定了西藏局勢，清軍護送達賴六世至拉薩。聖祖命立碑紀念，由阿布蘭撰文。世宗即位後，說碑文「並不頌揚皇考，惟稱讚大將軍允禵」（《清世宗實錄》），乃將碑毀掉，改撰新文。

六十年冬，聖祖命允禵回京，面授用兵方略。允禵到京城時，聖祖命允祉、胤禛率領內大臣郊迎。次年夏，允禵又辭赴軍前。

胤禵第一次離京前，曾對允禩說：「皇父年高，好好歹歹，你須時常給我信息」，又說：「若聖祖皇帝但有欠安，就早早帶一個信。」允禵為什麼這樣關心他父親的健康？從「皇父年高」這句話上，已可洞悉他的心事了。允禵回京述職，允禩深恐聖祖不再讓他至軍中立功，曾說：

1　堂子，清代祭天之所，在舊北京長安左門外。

撫遠大將軍西征圖卷（局部）

「皇父明是不讓十四阿哥成功，恐怕成功之後，難於安頓他。」這又說明，在允禩輩心目中，是把允禵的出師看作奪取儲位的一個有利條件。

不但如此，允禵在西北時，有個算命的臨洮人張愷，因知允禵喜歡奉承，便說：「這命是元（玄）武當權，貴不可言，將來定有九五之尊，運氣到三十九歲就大貴了。」[1]允禵這時是三十二歲，聽了大為高興，賞他銀子。

世宗即位，允禵的願望落空，自然極為憤妒，世宗乃召他急速回京。至京後，即命留在聖祖景陵等待大祭，實際是軟禁。

《大義覺迷錄》中有這樣一段話：

夫允禵平日素為聖祖皇帝所輕賤，從未有一嘉予之語，曾有向太后（指世宗、胤禵之母）聞論之旨：「汝之小兒子，即與汝之大兒子當護衛使令，彼亦不要。」此太后宮內人所共知者。聖祖皇考之鄙賤允禵也如此，而逆黨乃云聖意欲傳大位於允禵，獨不思皇考春秋已高，豈有將欲傳大位之人，令其在邊遠數千云外之理？雖天下至愚之人，亦必知無是事矣。只因西陲用兵，聖祖皇考之意，欲以皇子虛名坐鎮，知允禵在京毫無用處，況秉性愚悍，素

1　以上引語，均見《文獻叢編》第一輯《允禵允禟案》。

不安靜，實藉此驅遠之意也。……今乃云皇考欲傳位於允
禵，隆科多更改遺詔，傳位於朕。

允禵對帝位有野心，這是事實。聖祖任命他為撫遠大
將軍，是否暗示有傳位的意圖，卻是一個疑問。但世宗説
允禵一向是聖祖鄙賤之人，命他遠征西北，「實藉此驅遠
之意也」[1]，也是不足一駁的欺人之談。當時西北戰局非常
吃緊，勝敗未可逆料，以聖祖的明智，怎麼會任命一個素
所鄙賤厭惡之人去掌要塞的大權，而且超授王爵？當真要
驅遠允禵，何必到那麼遙遠，那麼重要的地方？如果按照
世宗的邏輯，那末，聖祖得病時，命世宗代行祭天之禮，
豈非也是有意要疏離世宗麼？

《覺迷錄》中所記聖祖的「汝之小兒子」三句話，可
能是真實的。但我們要知道，聖祖和（世宗母）孝恭皇后
烏雅氏之間原是夫妻關係，何況又是夫妻的閒談。聖祖
原話的上下文已不可知，只是斷章取義。也許是對允禵有
氣憤時説的，也許含有玩笑性。聖祖在和孝恭后談到世宗
時，又怎知不會説類似的話？《覺迷錄》作於世宗登位之
後，卻連這種瑣屑淺俗的話也一本正經地引錄進去，以此
證明允禵人品的低劣，未免太幼稚可笑了。

1　《趙國瑛奏允禵揚言回京摺》。

　　《覺迷錄》又云:「朕曾奏請皇太后召見允禵,太后諭云:我只知皇帝是我親子,允禵不過與眾阿哥一般耳,未有與我分外更親處也。不允。朕又請可令允禵同諸兄弟入見否?太后方諭允禵。諸兄弟同允禵進見時,皇太后並未向允禵分外一語也。」孟森《清世宗入承大統考實》云:「且母后所生兩子,何故自分軒輊如此,亦太遠於人情。」固然也有道理,我卻以為,這時太后自然已知道兩子之間仇恨很深,為了不使已為國君的那個兒子猜忌,所以起先不肯單獨見面,後來見了面也不能多說一句,這正是宮闈鬥爭造成的骨肉之間的悲劇,出於帝王之家,於是成為一種史料了。

　　此外,世宗說的隆科多更改遺詔一事,可見當時宮中也在傳說,並非只是野人流言。所謂更改遺詔,是說聖祖原詔為「傳位十四子」(即允禵),隆科多乃改成「傳位于四子」(即世宗)。但這絕不可能。

　　(一)這必須以當初聖祖遺詔用漢文為前提才能成立,但清代對這類大事,例必又用滿文,清人稱為「國書」,那末,這又怎樣改寫呢?

　　(二)退一步說,即使只用漢文,也不可能。清代書寫皇子的排行,第一字皆冠以「皇」字,則允禵(即胤禵)應為「皇十四子胤禵」,又怎麼能改成「皇於四子胤禵」呢?作為介詞的于、於,古代雖通用,清代已偏用

「於」，而「禎」改為「禛」也很困難。

正因于、於兩字曾經通用，而禎與禛又形近音同，因而有這個異想天開的謠傳，最初編造的人，倒是有些小聰明。

雍正四年（一七二六），諸王大臣劾奏允禩，請正國法，世宗以為允禩只是「糊塗狂妄」，和允禩、允禟的奸詐陰險相去甚遠，故而只將他禁錮於壽皇殿左右，「寬以歲月，待其改悔」。至高宗即位，即將他釋放。乾隆十三年（一七四八），進封恂郡王。

政敵之間兩方面的話，總是有偏見有怨氣，最好是一句就能罵倒。歲月如流，世宗時代離開我們已經二三百年了。對這些公案的評論，我們惟有力求客觀公允禩，接近歷史的實況，雖然這也很難做到。

雍正
「為君難」印

二十五

允禩的下場

在爭奪儲位的諸皇子中，以八阿哥允禩一黨聲勢最為盛大，除了皇子的允禔、允禟、允䄉等外，滿大臣有佟國維、馬齊、鄂倫岱、揆敘等，漢大臣有王鴻緒等。使我們感到興趣的，擁立世宗最力的是隆科多，而隆卻是佟國維的兒子，鄂倫岱又是佟國維的姪子，可見滿大臣中，父子亦各自一派，而允禩又很有籠絡能力。聖祖在日，上諭中也說：「乃若八阿哥之為人，諸臣奏稱其賢。裕親王（聖祖之兄）存日，亦曾奏言：八阿哥心性好，不務矜誇。」允礽第一次廢黜後，允禩便妄自尊大，以東宮自居，後來更廣結黨羽，收納九流術士，藏於家中的密室，因而引起聖祖的憎惡，晚年甚至說過「朕與允禩父子之恩絕矣」的話，又說「此人之險，實百倍於二阿哥（允礽）也。」這是聖祖鑒於允礽的覆轍，欲以此堵絕允禩的倖進之路。

何焯被抄家時，此信落入康熙帝手中，他親筆批示

「八阿哥與何焯書好生收着，恐怕失落了」，表達出對二人結黨營私的憤慨。

雖然如此，在聖祖病危時，仍將允禩、允禟等諸皇子召來，同受末命（帝王的遺囑）。

世宗即位，立即命令允禩、允祥（世宗黨羽）、馬齊、隆科多四人總理事務，後又封允禩為親王。按照孟森的說法，奪嫡（嫡指允礽）之謀，實出於允禩，與世宗無涉。世宗之登位，實是坐收鷸蚌相爭的漁翁之利，「《清史稿·允禩傳》於雍正初插入數語云：『皇太子允礽之廢也，允禩謀繼立，世宗深憾之，允禩亦知世宗憾之深也，居常怏怏。』以此領起下文漸漸得罪。此實望文生義……蓋雍正間之戮辱諸弟，與康熙間奪嫡案，事不相關。」（《明清史講義》下冊）

我覺得世宗之封允禩為親王，還是一種權術，因為世宗知道自己的皇位並非通過正常途徑而取得，這時剛剛即位，腳跟沒有站穩，不能樹敵過多。但在當初允禩積極策劃奪嫡過程中，世宗看在眼裏，難道心如古井？世宗自我衡量，何嘗不具備皇太子條件？允禩之母出身微賤，世宗就要比他優越。所以《清史稿》這樣敘述，倒是很得要領，符合兩方面心理發展的過程。

世宗登位，對諸兄弟便有君臣之分。如果這時允禩能夠馴順效忠，甘心臣服，那末，世宗或許還能放過他。其

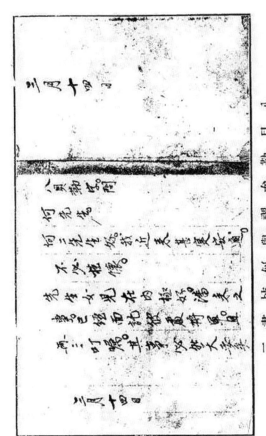

二書燁何與禩允物貝八
日四十月三題其印影寸尺書原依皆通二書燁何與禩允勒貝八
（筆御祖聖乃云云書燁何與訐阿八題後其也封外書者）

允禩給何焯的信圖

登極後頒詔大赦有云：「朕之昆弟子姪甚多，惟思一體相關，敦睦罔替，共享升平之福，永圖磐石之安。」這話也是半虛半實，並非純然是門面話。

可是允禩不是這種人。一個野心如此膨脹的人，怎麼會就此服帖？當允禩封親王時，他卻向致賀者說：「何喜之有，不知死在何日？」《永憲錄》亦云：「其封王時，妻家為伊賀喜，乃云我頭不知落於何時。」說明允禩對自己未來的命運已有充分的估計，同時也流露出他對世宗的敵對情緒。允禩是失敗者，他對勝利者有這種情緒，也是很自然的邏輯，恰好又碰上世宗這樣一個陰鷙的皇帝。當世宗即位後，允禩之黨允䄉（聖祖第十子）在張家口，私行禳禱，疏文內連書「雍正新君」，這話也不算悖逆，世宗知道後，便斥為不敬，兵部隨即劾奏。這時允禩尚未受處分，世宗便命允禩議其罪，乃奪允䄉王爵，押至京師拘禁。世宗所以命允禩議允䄉之罪，正是殺雞給猴子看。

至雍正二年，上諭中即斥允禩素行狡詐，懷挾私心，「凡事欲激朕怒以治其罪，加朕以不令之名。」又說：「每事煩擾朕之心思，阻撓朕之政事，惑亂眾心，專欲激朕殺人。」世宗這些話，一半是伏筆，一半當也是事實。當時允禩等的言行，自必有使世宗難堪之處。聖祖在暢春園病重時，允禩等都在場，即使聖祖果真屬意於世宗的承統，但其中也定有複雜曲折的細節，允禩只要將其中那些隱私

向外張揚渲染，對世宗自然大為不利，用世宗的話來說，便是「專欲激朕殺人」了。

宗人府為此主張削奪允禩爵位，但世宗還是隱忍着。

雍正三年，世宗召集王大臣等，先諭示允禩、允禟等的罪狀，但因他居心「寬大」，務欲保全骨肉。阿靈阿、鄂倫岱二人原係允禩等的黨首，罪惡至重，因為是國戚，從寬發往奉天。這是一個信號。

雍正四年（一七二六）正月，世宗在西暖閣，召諸王大臣宣佈允禩、允禟罪狀，大意是：三年以來，宗人府及諸大臣劾奏的極為繁多，世宗百端容忍。聖祖在世時，允禩竟將聖祖御批燒毀，外間還有「十月作亂，八佛被囚，軍民怨新主」的謠言，並在各處黏貼妖言，「內云災禍下降，不信者即被瘟疫吐血而死等語」，這些顯然是允禩等捏造出來。諭中又有這樣的話：「及看守之日，向太監云：我向來每餐止飯一碗，今加二碗，我所斷不願全尸，必見殺而後已。「（見《永憲錄》）可見這時允禩已被拘禁，他自己知道不可能「全尸」而終。

最後，上諭以允禩斷不可再留於宗室之內，革去他的黃帶子[1]，改為民王[2]。後又削去王爵，交宗人府圈禁高

---

[1]　清代宗室皆繫金黃帶。

[2]　非宗室的王。

牆。[1]宗人府請更名編入佐領[2]，允禩改名阿其那，子弘旺改菩薩保[3]，允禩之妻也被革去福金尊號，逐還外家，另給屋數間居住，嚴加看守。

允禩妻的母親是安郡王岳樂之女，允禩妻本人又很專橫，據秦道然口供，允禩「府中之事，俱是福金（即福晉）做主，允禩實為福金所制」。[4]這也是為世宗所斥逐的原因。

九月，允禩患嘔吐，不久卒於戍所。諸王大臣仍請戮尸，世宗不許。

據《永憲錄》，塞思黑允禟死於保定，可能是李紱害死（詳見下篇）。大約在十天后，允禩也死了，估計允禩也死在保定一帶，前人已猜測非良死。

世宗登位後，所以不急於收拾允禩、允禟，原是想把

1　據《永憲錄》，圈禁分數種，「有以地圈者，高牆固之。有以屋圈者，一室之外，不能移步。有坐圈者，接膝而坐，莫能舉足。有立圈者，四圍並肩而立，更番迭換，罪人居中，不數日委頓不支矣。」允禩所處者屬第一種。

2　佐領，官名，滿洲語叫牛錄章京。

3　據吳秀良《康熙朝儲位鬥爭紀實》，允禩妻沒有生育能力，又不准允禩納妾，故允禩無子。又，《清史稿·皇子世表》，允禩下無子嗣名，允禟下則有子名弘晸。此處之「子弘旺改菩薩保」，亦據《清史稿·允禩傳》而兩相歧異。弘旺還著有《皇清通志綱要元功名臣錄》。又據王氏《東華錄》：允禩妻恐允禩絕嗣，方容允禩收女婢一二人，僅生一子一女。則弘旺為允禩女婢所生。

4　見《文獻叢編》第一輯。

他們的罪狀逐漸暴露，使臣民知道兩人罪有應得，而使自己不負殺弟之名，上諭中即說「但伊等種種惡逆，中外及八旗軍民人等尚未遍知，故將此輩好惡不忠不孝大罪備悉言之，使知此輩正法亦屬當然，即朕姑留之，亦不過數名死人耳。爾等謹記此旨，錄出傳與京城內外八旗軍民人等一體知之。」（《永憲錄》）世宗的用心正可於此見之。

這是允禩、允禟還活着時說的。到了雍正五年四月，又說：「朕只論阿其那、塞思黑有可誅之罪，有必當誅之理，而斷不避誅阿其那、塞思黑之名也。」這時距允禩、允禟之死已一年餘！而世宗還在算舊賬，可見對二人仇恨之深，與世宗本人胸襟的狹窄了。

乾隆四十三年正月，高宗諭云：就允禩、允禟心術而論，覬覦窺竊，誠所不免，及皇考紹登大寶，怨尤誹謗，亦情事所有（都說得十分婉轉），特未有顯然悖逆之跡，皇考晚年意頗悔之。「朕今臨御四十三年矣，此事重大，朕若不言，後世子孫無敢言者。允禩、允禟仍復原名，收入玉牒，子孫一併敍入。」可見高宗對他父親當日骨肉相殘的舉措，亦未必贊同，「朕若不言，後世子孫無敢言者」二語尤為懇切：這樣的大事，除了皇帝，誰敢說一聲呢？

二十六

允禟的下場

允禟，聖祖第九子，封貝子，母宜妃郭絡羅氏。

允禟並不想奪儲位，只想過奢靡淫逸的大少爺生活，根據《文獻叢編》中穆景（經）遠[1]、秦道然[2]等供詞，及王氏《東華錄》，我們略可窺見這位九皇子的流品和性格。

他是一個無才無識、糊塗不堪，圖受用，好酒色的人。允禩也曉得允禟是庸才。允禟曾向秦道然說：當日妃娘娘懷娠之日，病中似夢非夢，見正武菩薩賜以紅餅，狀如日輪，一吃就病瘉胎安。又說他幼時耳患瘡毒，已經昏迷，忽聞大響一聲，見殿梁間全甲神圍滿，病就好了，「這俱像是我的瑞兆」，他卻「心甚淡」。

太后生病時，穆景遠聽得允禟眼皮往上動，說是得了

1　穆景（經）遠，西洋人，與允禟很親密，後與允禟一同發往西寧。
2　秦道然，曾在允禟家教書，後為此而下獄十餘年。

痰火病[1]，穆看出不像真病，允禟說：「外面的人都說我和八爺、十四爺三個人裏頭，有一個立皇太子，大約在我的身上居多些。我不願坐天下，所以我裝了病，成了廢人就罷了。」

聖祖對允禟、允䄉只封貝子，允禟心懷怨恨，又假裝瘋痰。允禵病痛後，允禟還教他拿枴棍子，仍舊裝病。從這些情節上，也可看出這位九皇子的素質了。

這人又好貨好色，曾與手下的心腹合謀，索詐永福銀三十萬兩。又叫永壽之妻為乾女兒，向永壽索取八萬兩。對河南知府李廷臣，連一百二十兩都要。因而他擁有銀四十餘萬兩，田產房屋值三十餘萬兩。他因此成為允禵等錢財上的靠山。允䄉出兵時，允禟便送給他銀三四萬兩。

允禟的心腹何玉柱第一次到江南，在蘇州買一女子進給允禟。第二次到江南時，就帶了十多個，說是揚州安二送允禟學戲的。更荒唐的，何玉柱竟假扮新郎，騙去良家女子。

不過，這在高層的八旗子弟中，也是普通的現象，何況是皇帝的兒子，由於允禟成為世宗的仇敵，這才成為罪名披露出來。

1　中醫對痰疾的理解，範圍很廣泛，除呼吸系統外，還牽及神經系統，如所謂痰迷心竅。

雍正元年（一七二三），世宗將允禟發往西寧（今屬青海），允禟對穆景遠說：越遠越好。意思是，遠了就任憑他做了。

世宗聽到允禟縱容家人在西寧騷擾生事，特遣都統楚宗前往約束。楚宗宣讀聖旨時，允禟並未迎接跪聽，只是安居臥室，還說：「上責我皆是，我復何言？我行將出家離世！」同時，他又以金錢收買人心，所以地方上都稱他九王爺。世宗乃行文陝西督撫，以後仍有稱九王爺的，將從重治罪。

這時皇十子允䄉也已被拘禁在京師，家中曾被抄過，抄出了允禟一個帖子。允禟在家時，曾和允䄉說定，彼此往來的帖子都要燒掉。他給允䄉的帖子，本來叮囑看後就焚燒，如今留下未燒毀，因而很抱怨允䄉。允禟在寄允䄉信中，曾有「事機已失」之語。

雍正四年，又查出允禟的門下親信毛太、佟保將編造字樣的書信，縫於騾夫衣襪之內，寄往西寧，被九門捕役拿獲（這說明允禟的親信們行動已為當時治安人員控制），而這些字跡又很怪異，有類西洋字，問問西洋人，卻說不認識，簡直是密碼了。又問允禟之子弘暘，說是去年佟保來京時，寄來他父親格子一張，令弘暘照樣學習繕寫，弘暘便向佟保學會，照樣寫信寄往西寧，世宗上諭中斥為「敵國奸細之行」。又說：「前朕見允禟諸子中，

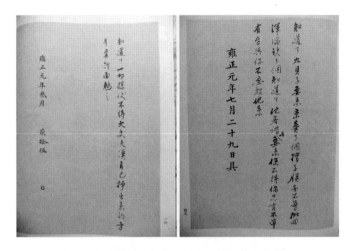

雍正在年羹堯的奏摺上關於允禵請求來京的批示

在這份給年羹堯的朱諭裏可以看出雍正對允禵的不滿和殺意

惟弘暘尚覺老實,故留京料理伊之家務,不料其詭譎亦如此」,弘暘寫給允禟信中,還「稱伊父之言為旨意」。《清史稿·皇子世表》,允禟名下的兒子僅列弘晸,並云「允禟第一子」,則弘暘於事後已被除名。

僅從上述這些事跡看,已可看出允禩一党對儲位的爭奪,處心積慮,蓄謀已久,而對世宗完全處於敵對地位。允禟胸無大志,不想做皇帝是事實,在他的想望中,未來的皇帝,不是八爺允禩,便是十四爺允禵,後來皇位為世宗佔有,既大出一意外,又恨之刺骨,因而更激起世宗的仇恨。世宗登位後,起先還想用軟化手段牢籠他們,同時也一直警惕着忌防着,他知道他們不會就此就範的。總而言之,世宗兄弟之間這場狠烈無情鬥爭,是命定的,無法避免的。對允禩、允禟來說,也是橫下了破罐子破摔的心,不存在僥倖的念頭。

允禟最後怎樣死的?這也是為史家所議論的疑案。

雍正四年四月,命都統楚仲(宗)、侍衛胡什云押解允禟從西安至京師。五月十一日,侍衛納蘇圖來到保定,口傳上諭,命直隸總督李紱將允禟留住保定。李紱即於總督衙門前預備小房三間,四面加砌牆垣,另設轉桶,傳進飲食,並派官員和兵役輪番密守。後來李紱奏摺中有這樣的話:「至於『便宜得事』,臣並無此語。原謂飲食日用,待以罪人之例,俱出臣等執法,非敢謂別有揣摩。臣覆奏

李紱

摺內，亦並無此意也。」

六月二十七日，李紱奏摺中說：「雖皇上更有寬大之恩，亦非臣民所願，豈敢失於寬縱？」世宗硃批云：「凡有形跡，有意之舉，萬萬使不得，但嚴待聽其自為，朕自有道理，至囑至囑，必奉朕諭而行，干繫甚巨。」君臣密札，何等詭祕森嚴。

後來允禵病危，李紱又向世宗奏報，並已預備好衣衾棺木，世宗批云：「朕不料其即如此，蓋罪惡多端，難逃冥誅之所致。……如有至塞思黑靈前門首哭泣歎息者，即便拿問，審究其來歷，密以奏聞。」至八月二十七日允禵終於死去。據李紱說：「今已逾七日，不但無有哭泣歎息之人，亦絕無一人至塞思黑門前。」一為罪人，而身後之悽慘如此。

後來世宗召集諸王大臣告諭說：所謂「便宜行事」之語，已於李紱奏摺中硃批嚴飭之，李紱奏稱並無此語。這事情應該可以了結了。

可是到了雍正七年十月，李紱因他案被世宗召入，當面斥責說：李紱奏報允禵病故後，「而奸邪黨羽及庸愚無知之人，遂有朕授意於李紱而戕害塞思黑之誣語。今李紱在此，試問朕曾有示意之處否乎？在塞思黑之罪，原無可赦之理，……而李紱並不將塞思黑自伏冥誅之處，明白於眾，以致啟匪黨之疑議，則李紱能辭其過乎？」

　　關於允禵到保定至死亡的過程，李紱原是頻頻向世宗奏報，但當時是在高度保密中上報的。允禵死後，欽差尚書法海將其妻子家屬從西寧帶往保定，世宗即嚴囑李紱：「此事你總莫管，任法海為之。」那末，允禵即使是病亡的，李紱也不敢將這消息任意公佈於眾，他當然會考慮到，如未經世宗允許，必將受到嚴重責罰。

　　允禵是否因世宗之授意而被李紱害死，一時無法斷言，但當時社會上有此傳說，則是事實，世宗自己也已明言之，為民息謗，只好一古腦兒推到李紱頭上。當時刑部嚴審李紱後，奏請治罪，世宗卻從寬了之。至高宗時，李紱以內閣學士致仕，可見李紱處理允禵之死並無過錯。孟森《清世宗入承大統考實》末云：「屠弟一款，尤為世宗所自稱不辯亦不受者。夫不辯是否即受，論者可自得之。」此語頗得皮裏陽秋之妙。

二十七

年羹堯致死之由

　　年羹堯，鑲黃旗漢軍人。康熙三十九年進士。聖祖命允禵為撫遠大將軍征西北時，年羹堯以川陝總督輔佐進取。後允禵被召回京，年羹堯受命與管理撫遠大將軍印務的延信共同執掌軍務。雍正元年五月，上諭西北軍事，俱交羹堯辦理，實際上是令他總攬西北軍政大權。朝廷考庶常時，世宗將試卷祕密送給羹堯閱視，並在硃諭中寫道：「不可令都中人知發來你看之處。[1]」

　　這時羹堯在西北，又非積學文臣，試卷原用不着給他看，硃諭又寫得那樣詭祕。舉此一例，說明兩人之間的關係特別密切。

　　年羹堯第二次到京時，世宗特令禮部擬定迎接的儀式，侍郎三泰草擬不夠妥善，遂受降級處分。羹堯則黃韁

1　《年羹堯奏摺》。

紫騮，郊迎的王公以下官員跪接，羹堯過目不平視。王公下馬問候，他只點點頭。（時為雍正二年）世宗甚至在硃諭中這樣說：對年羹堯，「不但朕心倚眷嘉獎，朕世世子孫及天下臣民當共傾心感悅，若稍有負心，便非朕之子孫也，稍有異心，便非我朝臣民也。」實在說得語無倫次，不成體統，羹堯本是粗莽而翻覆的武夫，怎麼不會由此而昏頭昏腦，妄自尊大呢？

然而這樣一位受殊寵的勛臣，最後卻成為罪人而處死，時間距世宗即位才三年，原因究竟為什麼？史學界有兩種說法。

一種是年羹堯、隆科多都曾為世宗奪位出過力，世宗既登大寶，他們已成功狗，為了怕泄露當初的隱祕，自非清洗不可。

另一種認為年羹堯的被誅，全由於自己驕妄專擅，使世宗不能容忍。這是立足於世宗承統，原出聖祖生前原定意圖的基點上，所以年羹堯之被殺，與世宗承統無關。

年羹堯有沒有參預世宗奪位的機密呢？應當說，是參預的，而且賣力的。他在西北佐理世宗的政敵允禵軍政大計時，就是一個重要例證，其實是在對允禵的箝制和監視。可是允禵的遠征西北，是聖祖生前親自任命的，聖祖是出於對允禵的器重和信任，才授以撫遠大將軍的要職（但並不等於將允禵當作皇位的繼承人）。年羹堯怎敢箝

制和監視呢？

我們假定世宗的嗣位，確出於聖祖生前的意圖，可是聖祖從來沒有公開表白過，世宗未必知道。這一點，也是為現代史家爭議的一個疑題，我將在另篇中闡釋。現在要說的是，皇太子允礽第二次被廢，事在康熙五十一年，到六十一年聖祖病重時，這十年中，儲位一直空虛，因而引起諸皇子之間的結黨蓄謀，世宗是其中熱衷者之一。年羹堯是世宗為雍親王時的雍邸親信，其妹之為世宗妃子，也是在這個時候。

允禵之出征西北，決非如世宗登位後所説的，是由於聖祖鄙視他，不讓他留在京城，事實恰恰相反。世宗已窺測到聖祖對允禵的信任，因而更加將允禵看作勁敵。年羹堯心領神會，相互默契。這時候的西北戰役，對朝廷威信影響極大，而政變需要武力作後盾。

孟森《清世宗入承大統考實》引《上諭內閣》云：「年羹堯因皇考大事來叩謁時，曾奏：『貝勒延信向伊言，貝子允禵在保德遇延信，聞皇考升遐，並不悲痛，向延信云：如今我之兄為皇帝，指望我叩頭耶？我回京，不過一觀梓宮，得見太后，我之事即畢矣。延信回云：汝所言如此，是誠何心，豈欲反耶？再三勸導，允禵方痛哭回意。』朕聞此奏，頗訝之。及見允禵到京，舉動乖張，行事悖謬，朕在疑信之間。去冬年羹堯來京陛見，朕問及此

事，何以未見延信奏聞，年羹堯對曰：皇上可問延信，彼
必實奏。朕言：伊若不承認，如何？年羹堯奏云：此與臣
面語之事，何得不認？朕因諭延信，延信奏稱並無此語。
及延信至西安，朕又令年羹堯訊之，年羹堯回奏云：今延
信不肯應承，臣亦無可如何。」允禵當初說的話應當是可
信的，延信沒有想到年羹堯會去奏告世宗，他若承認，世
宗豈不要責問：你聽到後為什麼不先來奏聞？延信怎麼受
得了？只好不承認了，但延信最後仍以陰結允禵而獲罪。
世宗自己在上諭中也明言允禵到京時，舉動乖張，行事悖
謬，那末，他在延信面前說這些話，更屬可能。

　　雍正三年十二月，上諭中有云：雍正元年，允禵深信
和委用的太監閻進，在乾清門見年羹堯，指云：「如聖祖
仁皇帝賓天再遲半載，年羹堯首領斷不能保等語。聖祖仁
皇帝之必誅年羹堯，閻進何由預知？」意思是，聖祖遲死
半年，得悉羹堯箝制允禵的祕密，當然要處死羹堯，而羹
堯與允禵之間的敵對關係，連閻進都知道。可見羹堯在西
北時，已成為世宗的情報頭子。孟森氏云：「允禵與羹堯
相圖，勢已岌岌，聖祖不遽賓天，世宗之事未可知。」雖
是推測，卻具灼見。

　　由於允禩、允禵等在政變中的失敗而淪為罪人，他們
一些親信，不得不將做過的事，說過的話據實招供，至於
世宗和年羹堯過去暗地裏進行過什麼活動，後人自然無法

知道。例如上述延信的話，年羹堯不可能捏造，延信卻賴掉了。

但年羹堯的恃功而驕，目中無人也是事實。

他在西北行營時，引用私人，只具文告知吏部，不由奏請，人稱為「年選」[1]。雍正三年正月，他的私人西安布政使胡期恆劾四川巡撫蔡珽威逼知府至死，蔡珽罷職，珽自陳被羹堯誣陷，世宗特宥蔡珽，並升為都御史，諭云：「蔡珽係年羹堯參奏，若置之於法，人必謂朕聽年羹堯之言而殺之矣。朝廷威福之柄，臣下得而操之，有是理乎？」世宗的嫉恨羹堯專橫已很明顯。

同年十月，三法司等劾奏羹堯罪狀達九十二款，也並非全是羅織，其中胡期恆幕友汪景祺《讀書西征堂隨筆》中《功臣不可為》一文，更觸世宗之忌。景祺曾上書羹堯求見，此文作於羹堯極盛時，景祺或有暗示之意，這時便成為既見而不劾奏的罪狀。世宗本人，原是不避殺功臣之譏，《雍正朝起居注》三年七月十八日云：「朕輾轉思維，自古帝王之不能保全功臣者多有鳥盡弓藏之譏，然使委曲寬宥，則廢典常而虧國法，將來何以示懲？」所謂輾轉思維，即是翻覆考慮，頗能道出他的心事。

---

1 吳三桂開邸雲南時，擅選月官，時號「西選」。隆科多主掌吏部時，所辦銓選官員，皆自稱為「佟選」（隆科多姓佟）。

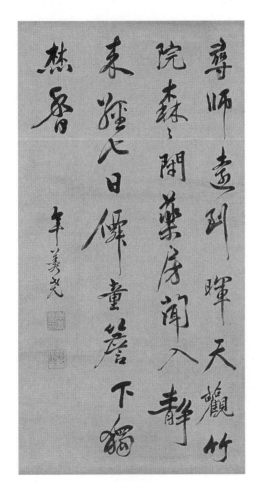

年羹堯詩跡

　　道光時旗人文康作《兒女英雄傳》，內容寫俠女何玉鳳[1]之父為仇人紀獻唐[2]所害，玉鳳欲伺間報仇，因而被稱為「首善京都一椿公案」。此雖小說家言，也見得年羹堯怨家之多。

　　最後，年羹堯從寬免於斬首，加恩在獄中自裁，兒子年富被斬，其他十五歲以上之子發極邊充軍。父遐齡、兄希堯革職免罪，遐齡實即國丈。

　　所以，年羹堯之死，實係「合併症」，即烹功狗與誅權臣相結合，而羹堯的專橫弄權，也是世宗起先過分寵遇的後果。孟子所謂「趙孟之所貴，趙孟能賤之」，正可移用於清世宗對年羹堯這種功臣身上。

年羹堯印

1　何玉鳳，即京劇中的十三妹。
2　這個紀獻唐便是影射年羹堯《曲禮》有「犬名羹獻」語，故以「獻」影射「羹」。

二十八

隆科多命歸禁所

隆科多，曾祖佟養正本漢人，姓佟氏。養正次子佟圖賴之女為聖祖生母孝康皇后，聖祖孝懿皇后則為佟圖賴的孫女，也即孝康后姪女，兩朝全盛之國戚出於一家。

世宗即位後，下諭：嗣後啟奏處，應書舅舅隆科多。又在年羹堯奏摺中批云：「舅舅隆科多，此人朕與爾先前不但不深知他，真正大錯了。此人真聖祖皇考忠臣，朕之功臣，國家良臣，真正當代第一超羣拔類之希有大臣也。」但自康熙二十七年，隆科多任鑾儀使兼正藍旗蒙古副都統起，他的才能政績實很平庸，中間還以所屬人員違法妄行，被聖祖責以「不實心辦事」，並革去副都統及鑾儀使之職，而他所以受到這樣「超羣拔類」的褒獎，自然由於擁戴世宗之功，正如世宗所謂「朕之功臣」。

聖祖倉猝駕崩，大臣承顧命的惟隆科多一人，後來因而有竄改遺詔的傳說，這固然出於附會，但隆科多在聖

祖病逝前後的許多宮闈隱祕，確實親自耳聞目睹，當時又任步軍統領要職，聖祖逝世之所的暢春園，即在他統轄之中。他所指揮的，除官長外，步甲就有二萬三千一百餘名，足以應付政變，所以他自言一呼可聚二萬兵。

聖祖遺體將還大內前，他即先馳入京。這時果親王允禮（聖祖第十七子）已聞出了大事，將奔赴暢春園，遇隆科多於西直門大街，從隆科多口中得悉大位傳於世宗，一驚之下，有類瘋狂。

可是當年羹堯在獄中被迫自戕後二年，即雍正五年（一七二七）冬，隆科多也被永遠禁錮，禁所在暢春園附近，可能是要他在園外思過。所謂永遠禁錮，也便是要他命歸禁所。至次年六月，即死於禁所。

隆科多固然有專擅攬權地方，如對皇子的傲慢，銓選官員，自稱佟選，以及貪贓勒索等等，但這在當時權重勢盛的滿大臣中並非個別，即便受到處分，何至非永遠禁錮不可。

據蕭奭《永憲錄》卷四：雍正四年，怡親王允祥劾吏部尚書隆科多婪贓諸罪。而世宗又好抄家，同卷《禁造流言非議朝政》條，載上諭云：「朕即位以來，外間流言，有謂朕好抄人之家產，輕信風聞之言，以為用捨。不法之人原有籍沒之例，朕將奇貪極酷之員沒其家資，以給賞賚，尚保全其性命妻子，不過使人知敬畏。」隆科多當然

很敏感，所以早已把財產分藏到親友處和西山寺廟中，還主動提出辭去步軍統領職，世宗則在朱諭中說：「朕並未露一點，連風也不曾吹，是他自己的主意。」但世宗內心中倒是不願隆科多擔任下去，至雍正三年，乃解除他的步軍統領之職。

當議政大臣奏劾隆科多時，他還在東北勘議俄羅斯邊界。世宗說：「俄羅斯事最易料理，朕前遣隆科多前去，非以不得其人，必須隆科多而使之也。特與效力之路以贖罪耳。」乃命他速即回京。

經過諸王大臣的審問，所議之罪有四十一款，這裏選錄下列幾款：

（一）私鈔玉牒，收藏在家。

（二）妄擬諸葛亮，奏稱：「白帝城受命之日，即是死期已至之時。」這是屬於大不敬之罪。古代以大不敬為十惡之一，也是皇權至上的產物。

（三）聖祖升遐之日，隆科多並未在皇上（指世宗）御前，亦未派出近御之人，乃詭稱伊身曾帶匕首以防不測。

（四）時當太平盛世，臣民戴德，守分安居，而隆科多作有刺客之狀，故將壇廟桌下搜查。這是屬於欺罔之罪。

（五）皇上謁陵之日，妄奏諸王心變。這是屬於紊亂朝政之罪。

（六）交結阿靈阿、揆敍，邀結人心，曲庇菩薩保。
這是屬於奸黨之罪。

（七）自知身犯重罪，將私取金銀預行寄藏菩薩保
家。這是屬於不法之罪。

以上幾款，都與世宗嗣位有直接間接的關係，這裏試
作一粗略分析。

玉牒即帝王族譜，其中所記諸皇子的名字、排行等
等，或與世宗嗣位不利，隆科多非皇族，更不應私藏。

隆科多雖效忠於世宗，但也深知世宗的陰鷙猜忌，白
帝城受命云云，必是感到世宗登位後已對他有猜忌之心而
說的。

聖祖升遐之日，隆科多並未在御前，這是王大臣擬
罪的奏疏中說的。可是疏入之後上諭卻說：「但皇考升遐
日，大臣承旨者，惟隆科多一人。」（見《清史列傳》）
豈非自相矛盾？其實後者是眾所共知的事實，而隆科多說
的身帶匕首以防不測一語，正說明他已料到，聖祖一死，
必有政變，原意實為世宗安全着想，這和搜查廟桌用意相
類。後世傳說世宗為皇子時曾蓄養刺客俠士，事或有之；
世宗能蓄養，其他皇子手下何嘗沒有？第五條「妄奏諸王
心變」尤為明顯，隆科多其實毫無「妄奏」之處，他已經
看到山雨欲來風滿樓了。

第八女本年一歲
第九女適……貝勒……公……年五歲

莊靖親王之子　十子　一女
第一子……
第二子多羅顯……郡王弘璋
第三子多羅順和郡王弘朔
第四子多羅……貝勒弘……
第五子和碩學……親王弘……
第六子和碩……親王……
第七子和碩……親王弘……
第八子多羅……郡王弘……

大祖高皇帝十六子　八女
第八子……
第一子鎮國將軍……
第二子和碩建……親王代善
第三子奉恩鎮國勤……公阿拜
第四子三等鎮國克……將軍湯古代
第五子奉恩鎮國慇……公塔拜
第六子和碩饒餘敏親王阿巴泰
第七子奉恩鎮國愨厚公巴布泰

　　年羹堯和隆科多同為世宗親信，但兩人間卻有矛盾，年看不起隆，說是「極平常人」，前引世宗對羹堯奏摺硃批中語，即為了彌合兩人的裂縫，隆恐年來京對世宗，對自己都不利。

　　阿靈阿、揆敍都曾向聖祖推舉允禩為皇太子，他們生前未曾被治罪，世宗登位後，卻在阿靈阿墓碑上改刻「不臣不弟暴悍貪庸阿靈阿之墓」，在揆敍墓碑上改刻「不忠不孝陰險柔佞揆敍之墓」。亦見帝王之尊的世宗的胸襟。菩薩保即允禩和婢女所生之子弘旺。隆科多和這些人接近，為世宗所不容，原是不在話下。

　　世宗的承統，到底通過什麼樣手段，是合法還是篡奪？此處暫且擱一擱。但登位之前，和隆科多之間必有密切的勾結，成為他的一雙耳目，則可斷言。登位之初，隆科多以擁戴之功而成為從龍的重臣，重臣的結局，往往有兩條，一是得保首領以沒，一是凶終隙末，淪為刑場或監獄的孤魂野鬼。漢高帝劉邦、明太祖朱元璋之登帝位，並不存在和兄弟之間的爭奪儲位問題，因而也沒有宮闈之間的隱藏的內幕，可是功臣被殺的就有好幾個。

二十九

世宗的登位與暴卒

自從康熙五十一年（一七一二）皇太子允礽第二次被廢後，聖祖就不再預立儲位，大臣有為建儲而向他進言的，多受處分。他也知道不立的弊端，但立了之後，勢必又要分削他的權力，萬一再出現一個允礽這樣的皇太子怎麼受得了？這種進退兩難的處境，使他十分苦惱。老年人常有這樣一種矛盾心理：自己時刻耽心很快會死去，卻又自以為還能活幾年，因而能拖則拖。

儲位空虛既達十年之久，必然造成諸皇子之間的結黨蓄謀，爾詐我虞。在諸皇子中，角逐最力的有四個：

（一）第八子允禩，但聖祖晚年很厭惡他。他的妻子又很專橫，未曾生子，後來由允禩的婢女生了一子，這也是不利條件。

（二）第三子允祉，但他沒有實力，只會結交文士，而且過去和允礽很親昵。

（三）第十四子允禵（即胤禎），聖祖很器重他，有些學者認為聖祖生前曾屬意於他，但他這時出征在西北。

（四）第四子胤禛，即世宗。

實際上是集中在允禵和胤禛身上，到暢春園患病時，只有胤禛在京中，曾三次奉召至暢春園。冬至日本應由聖祖親往南苑祭天，這時乃命胤禛代替，這是一個信號。

當然，胤禛還有一些其他優點，這是促成他承統的主觀與客觀條件，但聖祖始終未曾明白透露。有些書上說，聖祖因喜愛胤禛之子弘曆（即高宗），於是由其子而立其父。這恐怕是世宗、高宗做了皇帝而湊合上去。

到這裏，我們可以作一簡單的結論：世宗的承統有他合法的一面，不能說出於篡奪，但卻是聖祖臨時決定的。在聖祖臥病暢春園以前，他心中是否已將世宗選中為繼承人，還缺乏明白了當的史料依據，世宗自己也未必明白。正由於這樣，他也像其他幾位皇子一樣，必須廣結黨援，拉攏親信，如年羹堯、隆科多等等。聖祖病重時，隆科多看風駛舵，於病榻前為世宗說幾句好話，也是可能的。

與爭奪儲位有關的聖祖諸子簡表

名字	排　行	生　母	事　由	結　局
允禔	第一子	惠妃納喇氏	曾用喇嘛魔術詛咒廢太子允礽，後被告發。	幽禁於府第中，雍正十二年卒。
允礽	第二子	孝誠皇后赫舍云氏	兩次被立為太子，兩次被廢。	幽禁咸安宮，雍正二年卒。
允祉	第三子	榮妃馬佳氏	與允礽雖親昵，但非黨羽。曾告發允禔用喇嘛行使魔術。	幽禁景山，雍正十年卒。
胤禛	第四子	孝恭皇后烏雅氏	即世宗。聖祖崩後，由隆科多口傳遺詔即位。	雍正十三年八月崩
允禩	第八子	良妃衛氏	陰謀奪位，世宗即位後，視為死敵，改名阿其那。	雍正四年，卒於幽禁之所。
允禟	第九子	宜妃郭絡羅氏	黨附允禩，被世宗改名塞思黑。	同上。
允䄉	第十子	溫僖貴妃鈕祜祿氏	黨附允禩，在疏文內連書「雍正新君」，被拘禁。	乾隆二年開釋，六年卒。
允祥	第十三子	敬敏皇貴妃章佳氏	党附世宗，甚受厚遇，封怡親王。	雍正八年卒。
允禵	第十四子	孝恭皇后烏雅氏	受聖祖重用，出征西北，或以為聖祖所屬意，世宗即位後被幽禁。	乾隆初開釋，進封郡王，二十年卒。

聖祖為什麼要他口銜天憲，傳達末命？其間脈絡，大可尋索。故而世宗登位後，很感激他，又很忌憚他。

孟森在《明清史講義》下冊中說：「要之聖祖諸子，皆無豫教，惟世宗之治國，則天資獨高，好名圖治，於國有功，則天之祐清厚，而大業適落此人手，雖於繼統事有可疑，亦不失為唐宗之逆取順守也。」孟氏是懷疑世宗嗣位的合法性的，也確有值得懷疑地方，捨此不論，他結末說的「逆取順守」這一論點，卻很有啟迪意義。因為康熙朝後期的政局已逐漸傾頹，世宗登位後，作出了許多積極的措施，對弊政大加整頓，而且很有才智和魄力，言出令隨，雷厲風行，從而開乾隆朝宏偉的局面。他對付允禩、允禟等政敵，也是東風和西風的鬥爭，如果不清洗，允禩等也不會讓他過安穩日子的，這也是歷來政變的規律。

然而他用鐵腕取得的那些政治效果，又和他性格中陰鷙殘忍、猜忌狹隘的特點互為因果，好多措施都具有性格化的色彩。大風大浪的險峻的政治生活，必然會熔鑄到他的性格中。總之，世宗的堅毅果斷，親攬大權，完成了聖祖所未完成的任務，而大清皇朝的絕對專制，也至世宗而更加完固。

世宗的時代早已過去了，對於我們，只有理性上的功過之分，而無感情上的恩怨牽縈，所以，我們對封建帝王的評斷，重心還在他們對歷史起過什麼作用？唐太宗李世

民之得天下，也是從骨肉相殘的宮廷政變中取得的，李宗吾的《厚黑學》中就將他作為代表，但自玄武之變至貞觀之治，他對唐代前期的政局，還是起過卓著的推動作用，杜甫《重經昭陵》所謂「風塵三尺劍，社稷一戎衣」原非溢譽，孟森先生所以將唐太宗作為「逆取順守」的先例。

最後，對世宗之死，後世的野史演義也有種種傳說，較為流行的是被俠女呂四娘刺死。

傳說呂四娘是呂留良女兒（一說是孫女）。呂留良死於康熙時，至雍正十年，因曾靜案牽連，留良、葆中父子被戮尸，另一子毅中斬決，孫子充軍，全家遭禍，呂四娘攜老母逃亡，在江湖上學得一身武藝，潛入宮中刺死世宗。

一九八一年，曾發掘世宗地宮，未打開即作罷，外間卻傳說棺已打開，世宗有尸身而無頭，可見被人所殺。

俠女復仇的故事，清代頗為流行，如本書另一篇提到的《兒女英雄傳》中的何玉鳳即其一例。《聊齋志異》卷二的《俠女》，也寫浙江一女俠，父親被仇人陷害，籍沒其家，她只得負老母出走，後來終於將仇人之頭割下。當她向情人顧生告別時，「女一閃如電，瞥爾間遂不復見。」

小說稗史，供人談助，自可寫得離奇曲折，但在史學家，則必須信而有征，還歷史以真實。

為什麼世宗之死有奇異的傳說呢？主要的原因由於他是暴崩的。據《起居註》，雍正十三年（一三七六）：

八月二十一日，上不豫，仍辦事如常。

二十二日，上不豫。子寶親王、和親王朝夕侍側。戌時（午後七時至九時），上疾大漸，召諸王、內大臣及大學士至寢宮，接受遺詔。

二十三日子時（夜十一時至次日一時），龍馭上賓。大學士宣讀硃筆諭旨，着寶親王（高宗）繼位。

這說明從患病至逝世前後僅三天，而在二十一日，「仍辦事如常」，於是使人感到蹊蹺。但清代官書中記錄皇帝逝世的情節原很簡單，聖祖自暢春園臥病至駕崩也不過七天，這之前他還在出獵。又如高宗、仁宗、宣宗，自不豫至逝世也不出二日。

然而世宗之死，所以引起後人的猜疑，和他生前的殘忍陰鷙，樹敵過多也不無關係，對他不滿的人藉此發泄內心的宿怨，等於是一種詛咒。

世宗一死，新君高宗立即下諭，將原在宮中的煉丹道士驅逐回籍，「若伊等因內廷行走數年，捏稱在大行皇帝御前一言一字，以及在外招搖煽惑，斷無不敗露之理。一經訪聞，定嚴行拿究，立即正法，決不寬貸。」諭中又說，世宗對煉丹之術，只是當作「遊戲消閒之具」，而對那些道士，「聖心視之與俳優人等耳」，「且深知其為市井無賴之徒」，但由此也向我們透露：世宗生前，對這些煉

丹道士是很親昵的，能夠被皇帝當作「遊戲消閒之具」，也需要有特別巧妙的伎倆。正因為這樣，高宗就生怕他們在外面傳播世宗的生活隱私。楊啟樵又結合其他資料，推斷世宗是「服餌丹藥中毒而亡的」。（見《清代帝王后妃傳》）而所謂丹藥，都是有刺激性的，俗語稱之為霸藥，因而必有很強的副作用。

金梁《清帝外紀・世宗崩》云：「以上所述略異（指大學士鄂爾泰夜馳受傷事），倉促傳聞，不免參差，惟世宗之崩，相傳修煉耳丹所致，或出有因。至傳位之詔，元年密緘，曾見明諭，可無疑也。」金氏這段短文，倒很重要，向我們揭示三要點：

（一）外間對世宗死於倉猝，因而傳說不一；

（二）但相傳為服丹藥而死，該是有根據的；

（三）傳位於高宗之詔，是不必懷疑的。

這三點，都是由於世宗的暴崩而引起的疑惑。

雍正帝行樂圖・道裝像

三十

棋高一着的清高宗

　　世宗鑒於上一代爭儲的教訓，在即位不到一年後，便另設祕密傳位的辦法，於雍正元年（一七二三）八月，召見滿漢大臣諭云：「今朕特將此事（指建儲）親寫密封，藏於匣內，置之乾清宮[1]正中世祖章皇帝御書『正大光明』匾額之後，乃宮中最高之處，以備不虞。」另外，又有一份內容相同的傳位詔置於圓明園內。因他在圓明園內居住時間較多，最後亦崩於園中。但他只告訴大臣張廷玉和鄂爾泰。

　　這辦法祕密立儲匣。有兩大好處，一是避免了諸子之

1　清宮的外朝與內廷，以乾清門為界限，自乾清門起即屬內廷。乾清宮在保和殿后（保和殿則屬外朝），清代是皇帝召見大臣之所，大學士、尚書、御前大臣入見，皇帝俯指賜坐，大臣叩首謝恩後就跪在毯墊上。如為侍郎，雖同見，不得跪墊，故不叩謝。所謂賜坐，並非如舞台上那樣讓臣子坐在旁邊的椅子上。

爭奪，二是儲君的名字不公佈，又不至分削世宗的權力，這也表現了世宗對大事思慮的周密。

世宗共有八個后妃，十個兒子，長到成年的有四個：弘時、弘曆、弘晝、弘瞻。可是，藏在這個神祕匣子裏的儲君究竟是誰呢？只有世宗自己知道。

他死後，才知是寶親王弘曆，即高宗，時年二十五歲，世宗第四子，母鈕祜祿氏。

所以，自世宗至高宗諸朝，就沒有爭奪儲位的糾紛。但有一件事卻仍與康熙朝的宮闈內幕有關，而至乾隆朝才始了結，這便是《大義覺迷錄》的頒佈和禁止。

通常的禁書，著作或編輯的人總是被皇帝認為站在敵對地位的大逆不道罪犯，這部《大義覺迷錄》卻是世宗時官修與頒行，即策劃和發行的都是世宗，卻為他兒子高宗禁止，你道怪也不怪？

雍正六年，湖南生員曾靜，派遣弟子張熙，勸説川陝總督岳鍾琪舉兵反清，後被岳鍾琪奏告，世宗即命刑部嚴審，《覺迷錄》中所收的即是曾靜口供和世宗各道諭旨，世宗為了使「各府州縣，遠鄉僻壤」的士子與小民都由「迷」而「覺」，故編成此書，「人人觀覽知悉」，學校皆須收藏，如果讀書人有一人未見此書，就得從重治罪，還特赦曾靜、張熙，不予追究。

那末，高宗究竟禁得對不對呢？完全正確，十分必要。

岳鍾琪

《覺迷錄》的內容重心，一是有關世宗本人政治生活的隱私，即屬於家族上問題，一是有關夷夏之防的種族上問題。後者不屬本書範圍，這裏專談前者，即涉及世宗殺父逼母、殘害兄弟的傳聞，其中最吃重的不在於用煌煌聖諭如何力辯自己的清白仁慈，而在於罪犯曾靜的供詞。

例如刑部問曾靜：皇上將二爺（即廢太子允礽）的妃嬪收了等語，「今你這話從何處來？」曾靜供道是從衡州路上一個犯官那裏聽到的，「彌天重犯（曾靜自稱）聽得此話不察，妄以為此話自犯官說出，畢竟是事實」，直至到了長沙，「方知皇上清心寡欲，勵精圖治」，（皇上的「清心寡欲」，怎的到了長沙才知道？）「而謠言竟傳以為收宮妃，豈不深可痛憾！」世宗諭旨中又說：「至於和妃[1]母妃之言，尤為怪異莫測。朕於皇考之宮人，俱未曾一見面者，況母妃輩乎？」

儘管這是道聽途說的謠言，世宗之意，原為闢謠澄清，但這樣的謠言，往往越辟越昏，越澄越渾，如同雙手伸進醬缸。

又如曾靜供道：「有人傳說，先帝欲將大統傳與允禵，聖躬不豫時，降旨召允禵來京，其旨為隆科多所隱，先帝賓天之日，允禵不到，隆科多傳旨遂立當今。……

1　和妃：瓜爾佳氏，聖祖之妃。世宗即位時，已四十一歲。

有太監于義、何玉柱向八寶女人談論：聖祖皇帝原傳十四阿哥允禵天下，皇上將『十』字改為『于』字。」可見改「十」為「于」，聖祖一死，宮中即在傳説，十、于二字又形近，也難怪使人信以為真。

又如世宗於其父病重時，進一碗人參湯，聖祖就駕崩。太后要見允禵，皇上大怒，太后於鐵柱上撞死。又據佐領華賚供稱，「曾聽見太監關格説，皇上氣憤母親，陷害兄弟等語。」八寶、何玉柱、關格都是世宗政敵的親信，他們散佈這些謠言，自為其主子泄憤，而這些謠言又很易淆惑，例如聖祖患病時間很短促，世宗偶爾侍奉湯藥也很可能。十四阿哥允禵與世宗是一母所生，太后對自西北回來的小兒子的懷念，也是慈母之常情。所以謠言中又夾雜了真實。

但這時世宗的一些政敵，有的死去，有的囚禁，再也無人敢公開傳播，世宗卻偏要自我擴散，授人以柄，所謂改「十」字為「于」字的謠傳，固不足信，可是不正因為刊布了《覺迷錄》而傳播到社會上麼？民間感到興趣的正是這些謠言中的奇異情節。好奇本來是很普遍的社會心理，《覺迷錄》恰好為好奇者提供了無風不起浪的把柄。

世宗一生，極為機警敏悟，這件事卻是聰明一世，懵懂一時，高宗就比乃父棋高一着，不失為幹蠱之材。

此外，高宗還對世宗骨肉相殘的宿案做了不少善後工

作，如對被禁錮的王公宗室的開釋，倖存的允䄉、允祿，也於開釋後賜以公爵銜。高宗異母兄弘時，世宗因其放縱不謹，削去宗籍，高宗也仍收入族譜，延信、阿靈阿的子孫也恢復原來的身份。這是很英明的：即使上代真的有罪，怎能使子孫一併遭殃呢？

還有為世宗生前咬牙切齒的阿其那（狗）允禩、塞思黑（豬）允禟兩案，因為實在很棘手，所以一直擱置着。到了乾隆四十三年，在上諭中用溫和的語氣斥責幾句後，也將兩人恢復原名，收入玉牒。

還在即位之初，他對允禩、允禟的子孫屏棄玉牒之外的處分，已感過重，曾下諭說：「當初辦理此事，乃諸王大臣再三固請，實非我皇考之意」（《高宗實錄》），但諸王大臣如果不是出於迎合世宗的本意，哪一個敢這樣做呢？如同不是新君登高一呼，誰敢把已淪為犬豕的允禩、允禟恢復原名、收入玉牒呢？換言之，只有後皇，才能翻前皇之案。不過，他在向天下臣民公佈的諭旨中只好這樣說，世宗既是皇考，就得為皇考留個餘地。這一點，也應為我們所理解。

不管怎樣，高宗在治療世宗骨肉之殘的創傷上，還是明智而公允的。

三十一

太上皇與嗣皇帝

高宗雖也採用祕密建儲的辦法，但他對這一制度本身認為是權而非經，並說：「將來皇子年齡漸長，識見擴充，萬無驕貴引誘之習，朕仍當佈告天下，明正儲貳之位。」（《高宗實錄》）同時，他還準備恢復以嫡子承統的古制。

乾隆元年七月，他在乾清宮召見諸王大臣，將親書的密旨，着總管太監收藏於「正大光明」匾額之後，這位內定的儲君便是皇二子永璉，其母為孝賢皇后富察氏。

不料永璉至九歲病逝，諡為端慧皇太子，又以富察氏所生的皇七子永琮為儲君，不久永琮又以天花殤逝，年才二歲。這以後，他就不再有嫡子。因為富察氏死後，本欲冊立皇貴妃烏喇那拉氏為皇后，後因忤違帝旨，所以她逝世後喪儀降級按皇貴妃之例，從此就不再冊立皇后。

孝賢皇后之死，高宗本人極為悲痛，但皇長子永璜、

皇三子永璋（皆非嫡出）卻很淡漠，全無哀慕之忱，人子之道，永璜甚至有「母后崩逝，惟我居長」，隱圖儲位之意，所以，高宗明示「此二人斷不可繼承大統」。若不如此，「與其令伊等弟兄相殺，不如朕為父者殺之」。這樣爆裂性的話，決不是信口聳聽，正是鑒於上一代的慘痛教訓有感而發，又由於無嫡可立，只好放棄原來的立嫡初衷，誠諭大臣：如有於諸阿哥中選擇一人為皇太子者，便是離間父子，惑亂國家之人，一定要立即正法。

乾隆十五年，皇長子永璜憂憤成疾而死，皇三子永璋也受冷落，皇四子永珹、皇六子永瑢也皆失寵，於是只好選擇乾隆十五年以後出生的兒子：八子永璇、十一子永瑆、十二子永璂、十五子永琰（乾隆二十五年生）、十七子永璘，但他都不很稱心。

乾隆三十八年，他已六十三歲，建儲大計不能長此延緩，便將密旨書就，藏於匾後，在事後才諭知極少數的軍機大臣，另書一道藏於隨身攜帶的小匣內。一般大臣對此事全無所知，後來得悉已經建儲，便紛紛猜測以為永瑢，但永瑢實已出繼履親王允裪，後於乾隆五十五年病故。最後揣測成親王永瑆和嘉親王永琰，也有加上皇次孫綿恩的，即永璜次子。

乾隆六十年（一七九五）新正，高宗舉行家宴，子孫都受賞賜，只有永琰未曾得到，並對他說：「爾則何用銀

為？」[1] 大家才理會到，未來的皇位繼承人當是永琰了。

高宗起先欲行立嫡制，後期反過來批評立嫡非良法，並舉例說：「紂以嫡立而喪商，若立微子之庶，商未必亡也。」又如漢文帝最賢，並非嫡子，假使高帝令文帝嗣位，何至有呂氏之禍。這也因為此時已無嫡可立，永琰的母親魏佳氏，貴人[2] 出身。乾隆二十五年生永琰，四十年逝世時還是皇貴妃。

然而祕密建儲的弊端也很顯然，英明和庸碌都是皇帝一個人主觀決定，常常受到心理上的喜怒衝動的影響。一個平日言行恭順柔和的人，未必是奮發有為、勇邁果斷的英主，下焉者為了取悅於皇考，也無人敢向執政的皇帝犯顏直諫了。

乾隆六十年乙卯九月，高宗宣示立嘉親王永琰為太子，以明年丙辰為嗣皇帝嘉慶元年，自己為太上皇，並命太子名字的上一字改書「顒」字，即改為顒琰。這是嘉慶、道光兩朝皇帝御名避熟字的開始，故意改成冷僻字。

元旦這天，舉行授受大典，嗣皇帝侍太上皇至奉先殿、堂子行禮，太上皇於太和殿親授以寶，又於受賀畢還宮，皇帝乃即位受賀。太上皇以甯壽宮為頤養之所。

1　《朝鮮李朝實錄中的中國史料》下編，卷十。
2　貴人，女官名，次於妃、嬪。

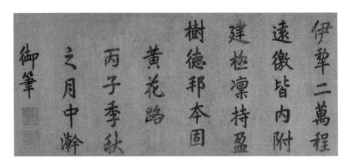

永琰楷書《黃花路》詩

寧壽宮在紫禁城東北部，其前為皇極殿，四周築有高大的紅色宮牆，全組建築在皇宮中自成一系。始建於康熙二十七年，本為聖祖奉養母后而建。乾隆三十六年拓建，為九開間大殿，九龍壁、「乾隆花園」都在那裏。清末，清廷為慶賀慈禧太后六十壽誕，曾撥六十萬兩白銀重修寧壽宮、皇極殿。

歷史上的太上皇之稱，始於漢高祖劉邦的父親，但這只是尊稱，實與皇權的傳授無關。正式的太上皇自唐高祖李淵禪位於李世民開始，清高宗是歷史上最後一個太上皇，但歷代太上皇與嗣皇帝之間的關係，都不是很融洽和諧的。

一朝天子一朝臣

　　高宗為太上皇後，本應退居甯壽宮，實際上繼續居住在養心殿處理政務，只是改歸政為訓政。仁宗則居毓慶宮（在乾清宮東南），原與清制不合，高宗卻以「寢興六十養心慣」和「己便兼亦欲人便」為理由住在養心殿[1]，直至逝世。後一句意為，養心殿在乾清門西，遵義門內，召見大臣較甯壽宮為近便，可見他仍未忘情於帝座。在清宮內務府的檔案中，還有乾隆六十一年和六十二年的時憲書。

　　過去一些太上皇的處境，其實並不舒暢，常常受制於嗣皇帝，顯著的例子是唐玄宗。他自蜀中回長安後過的日子實同軟禁，但清高宗之為太上皇，始終權過嗣皇帝，相形之下，仁宗倒像個機器皇帝。

　　據朝鮮《正宗實錄》，嘉慶元年（一七九六）三月

1　《乾隆御製詩》餘集，《國朝宮史》卷五十九。

十二日，朝鮮國王召見回還進賀使李秉模等，秉模傳述仁宗的印象云：「狀貌和平灑落，終日宴戲，初不游目，侍坐太上皇，上皇喜則亦喜，笑則亦笑。於此亦有可知者矣。」又云：朝鮮使臣至御榻前跪叩，「太上皇帝使閣老和珅宣旨曰：朕雖然歸政，大事還是我辦。你們回國問國王平安，道路遙遠，不必差人來謝恩。」在圓明園宴會時，太上皇也使和珅傳言慰諭。嘉慶二年十二日，太上皇觀冰戲，乘黃屋小轎，到使臣等恭迎處，又使閣老和珅傳旨問平安，則和珅已成為太上皇的代言人了。

和珅，姓鈕祜祿氏，正紅旗人。乾隆三十七年，始授三等侍衛，後竟為大學士、四庫館正總裁等。兒子豐紳殷德尚高宗第十女和孝公主。

他以一個鑾儀衛的轎旁小子，在乾清門為高宗相見，嗣後青雲直上，受此殊遇，實在不可思議，野史因而有怪異的傳說，說和珅是世宗一個冤死的妃子轉生，事雖不足信，也說明他和高宗遇合之僥倖，已使民間感到疑訝。

孟森《明清史講義》下冊云：「據此則內禪以後，依然政由太上，而和珅為出納帝命之人，對外使且然，一切政務可想。但多一已顯明之嗣皇帝，到處侍遊侍宴，以全神貫注太上、和珅喜怒而已。此為仁宗動心忍性之日。」因此，仁宗對和珅表面上非常尊重，呼相公而不名。珅之出納帝命，左右也有不滿的，仁宗說：「朕方依相國理四

海，何可輕也？」此亦動心忍性的一端。

和珅曾薦其師吳省蘭為仁宗錄詩草，藉此以窺動靜。仁宗知其意，吟詠中不露鋒芒，珅心安之。有一天，太上皇單傳和珅入見，上皇南面而坐，仁宗西向坐一小杌（訓政後召見臣子皆如此）。上皇閉目，口中喃喃有所語。仁宗極力諦聽，終不能解一字。久之，上皇忽張眼說：「其人何姓名？」珅應聲道：「徐天德、苟文明。」上皇復閉目誦不輟。過了一會，始揮之出。仁宗大驚，後問和珅，珅說：「太上皇念的是西域祕咒，誦此咒能使他憎惡的人，雖在數千云外，亦無疾而死或有奇禍。奴才聞上皇所欲咒者，必為教匪悍酋，所以將這兩人姓名應對。」仁宗益驚駭，知和珅亦懂得這法術。以咒制敵的法術自不足信，但在當時的宮闈中卻是奉行着，又說明仁宗處處忌和珅，和珅亦處處防仁宗，例如侍講學士朱珪本為仁宗師傅，後外放署理兩廣總督。大學士孫士毅病死後，高宗欲令朱珪補此缺，仁宗乃向珪賀以詩。和珅即向高宗挑撥說：「嗣皇帝欲市恩於師傅。」自此便為和珅所沮，不能前至樞廷。

所以，這時候的統治中心是由三駕馬車組成，英國人斯當東著的《英使謁見乾隆紀實》中，便稱和珅為「二皇帝」，仁宗反成為象徵性的一駕，這當然使他難以容忍。正如朱希祖在《嘉慶三年太上皇起居注》中說：「太上皇

帝信之愈深，皇帝恨之愈切；太上皇帝愈以為功高，皇帝愈以為罪大，不除和珅則禍害無已，欲除和珅則投鼠忌器。」而這時太上皇已年近九十，神志自大不如前，和珅更可以為所欲為，太上皇批諭中字劃有未真切處，和珅居然聲稱不如撕去而另擬。

斯當東是和和珅接觸過的，他知道和珅出身低微，後來所以升到高位，就因為一切國家大事都掌握在高宗個人之手，故而可以馬上使人貴，又可馬上使人賤。同時，他已看到和珅處境的危險，因為對和珅的忌憚，原不止仁宗一個人，還包括其他的王公大臣。

嘉慶四年正月初三，太上皇病逝，次日初四，即褫奪和珅軍機大臣、九門提督兩職，只命守值殯殿，不得任自出入。初八日即由給事中王念孫等列款參劾，逮捕和珅及其同黨戶部尚書福長安。說明在太上皇逝世之前，仁宗已經在積極佈置，並取得有力的大臣的支持，故能以閃電的手段，取得政變性的效果。

《嘯亭雜錄》卷一，記仁宗曾作《唐代宗論》，中云：「『代宗雖為太子，亦如燕巢於幕，其不為輔國所讒者幾希。及帝即位，若苟正輔國之罪，肆諸市朝，一武夫力耳。乃捨此不為，以天子之尊，行盜賊之計，可愧甚矣。』乃知睿謀久定於中矣。」李輔國是唐代宦官，專橫擅權，代宗即位，乃使人夜入輔國宅暗殺之。所以仁宗譏

嘉慶帝師朱珪畫像　　　　　　　和珅畫像

為「行盜賊之計」，暗示自己的處分和珅，必用光明正大的正罪辦法。

和珅的大罪有二十條，第一條是：「朕於乾隆六十年九月初三日，蒙皇考冊封皇太子，尚未宣，和珅於初二日在朕前先遞如意，以擁戴自居。」擁戴也是權臣謀取權力的一種手段，仁宗也已覺察，確是和珅的致命傷，因為這將置新君於何地呢？所以，後來上諭中曾嚴禁王公大臣進貢如意，「諸臣以為如意，而朕觀之反不如意也」。我們即可於此窺其「天機」。

據朝鮮《實錄》引徐有聞聞見別單：仁宗起先欲剮和珅，皇妹之為珅媳婦者（即和孝公主），涕泣請全其肢體，屢懇不止。大臣董誥、劉墉亦乘間言珅曾任先朝大臣，請從次律，乃賜帛自盡。珅臨絕作詩曰：

五十年來夢幻真，今朝撒手謝紅塵。
他時水泛含龍日，認取香煙是後身。

末兩句不甚可解。一說似用夏后龍漦故事，為孝欽禍清先兆。香煙後身，指孝欽或有煙癮，而和珅於嘉慶初已染此癖。未免附會過甚。這當是指和珅自己與高宗的關係。香煙即佛家語香火，而香火因緣常譬喻前生的契合，意為死後如與高宗相見於九泉之下，猶能認取香火，即仍

不忘故主之意。

無名氏《殛珅志略》：有傳珅元夕獄中作五律云：「夜色明如許，嗟余困未伸。百年原是夢，廿載枉勞神。室暗難挨暮，牆高不見春。餘生料無幾，空負九重仁。」此詩較前一首七絕淺陋明白，而真偽不可知。

和珅又是清代超級富豪，《殛珅志略》中附有家產查抄清單一份，但與他書記載的不同。蕭一山《清代通史》中冊云：「和珅家財，以比例推算之，殆不下八萬萬兩，甲午庚子兩次賠款總額，僅和珅一人之家產足以當之。」美國費正清《美國與中國》第五章，記和珅被查出的財產，「照當時美國貨幣推算，要值十億美元以上，這大概是空前絕後的最高記錄了。」洪業《和珅及淑春園[1]史料節記》，以為故宮博物院的《史料旬刊》中頗載和珅案文件，但「既無籍沒清單，而世傳清單中之月日及物品數目，復輒與案件衝突，其為贋造無疑矣」。

當時副都統薩彬圖以為必有人為之隱寄，並曾向和珅家掌管金銀內賬的四名使女審問，仁宗對此反而大怒，嚴斥薩彬圖輾轉根求，多事株連，近於搜括，「且開列使女之名，形之奏牘，實從來未有之事」。又說「豈薩彬圖視朕為好貨之主，以此嘗試乎？」因為和珅被抄財物如尚不

1　淑春園為賜園，和珅名為十笏園，即後來燕京大學校園的北部。

止此，就易使人疑為已入內庫，與流傳的「和珅跌倒，嘉慶吃飽」的民諺，不是正相吻合麼？

但仁宗所以嚴懲和珅，主要還由於權力上的衝突，如果容忍下去，和珅的權力必凌駕其上，所以，和珅伏法一案，其實也含有政變的性質。一朝天子一朝臣，原是皇權制度下的常見規律。

和珅的榮華富貴，是因高宗的寵遇而到達極峰，但和珅這條命，也可說是高宗斷送的。

和珅印

三十三

兩次禁門之變

　　仁宗在位二十五年。即位之初，他就成功地清除了君側的隱患和珅，可是在他的前半生，卻身經兩次驚心動魄的禁門之變。各地的民變民亂，雖歷代皆有，但陳德以匕首而「驚駕」，林清結內監而闖宮，卻是前所未有的。

　　陳德生於北京[1]，其父母曾典與旗人為奴，後又隨父母在章丘等地服役。二十三歲結婚，三十一歲父母逝世，在山東無法謀生，乃至北京投靠在內務府當護軍的外甥姜六格，住在堂姐家中，曾隨鑲黃旗包衣[2]管領常索在內務府服役，因而時常出入宮禁。

　　後來妻子和堂姐相繼病故，兒子幼小，岳父母又跌成癱瘓，感到以後日子難過，心裏氣惱，便借酒澆愁，在院

1　一作成德。
2　即奴僕。清人入關前，所獲各部俘虜，都編為包衣，分隸八旗。

中歌唱哭笑，因而被主人家解僱，於是「起意驚駕，要想因禍得福」。

嘉慶元年和二年時，他都得過夢。一次夢見自己在無水橋下躺着，忽像有人拉他上橋，到了橋上一看，像在一知府大堂後頭，穿上程繭鄉蟒袍，心想將來必有朝廷福分。一次是有人領路，領到廚房，夢裏説是在東宮。又記得從前求籤五枝，都有好話。近因窮苦不過，想起自己的本事，又有夢兆和籤語，必有好處。

嘉慶八年（一八○三）閏二月，他得知仁宗將進宮齋戒，便於二十日早晨，身藏小刀，帶兒子陳祿喝過酒後，由東華門繞到神武門（紫禁城北門），混在人羣中觀察動靜，等待駕臨。不一會，仁宗乘轎到順貞門時，陳德即從神武門內西廂房南山牆後奔出，以利刃直撲仁宗，侍衞、護軍章京等百餘人皆震駭不知所措，只有御前大臣定親王綿恩、額駙親王拉旺多爾濟等六人迎前圍拿。陳德猶奮力格鬥，將綿恩袍袖扎破，終因寡不敵眾而被擒。審問時遍受嚴刑，最後凌遲處死，年四十七歲。兩子皆絞死，但兒子事先並不知情。

陳德案件，背景很簡單，沒有政治上的複雜內幕，起因主要由於貧窮加上愚昧，單槍匹馬，憑一時的狂熱性的衝動。他説的做過幾個奇怪的夢，「時常胡思亂想」，從心理學上説，不難解釋。這些人都有精神上的病變，清

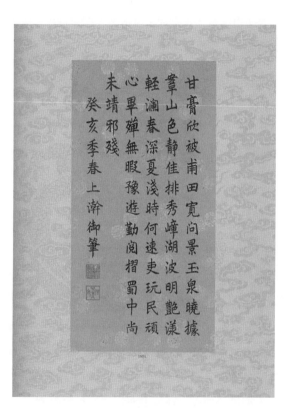

甘膏欣被甫田寬問景玉泉曉據
峯山色靜佳排秀嶂湖波明艷漾
輕瀾春深夏淺時何速吏玩民頑
心畢殫無暇豫遊勤閱摺蜀中尚
未靖邪殘
癸亥季春上澣御筆

嘉慶御筆

代文字獄中，這類半瘋癲的「狂人」很多。他説「起意驚
駕，要想因禍得福」，似乎並非一定要刺死皇帝。究竟如
何，已難明白，有人以為他是林清黨，卻非事實，從陳德的
經歷及供詞看，沒有宗教上的組織關係。不過，以一介無知
的匹夫，居然直犯禁衛森嚴的扈蹕之途的鑾駕，確也不可思
議。事後諭旨中説：「然百餘袖手旁觀者，豈無朕之至親，
豈非世受國恩之臣僕乎？見此等事尚如此漠不關心，安望其
平日盡心國事耶？朕之所懼者在此而不在彼，諸大臣具有天
良，自問於心，能無愧乎？」這話倒很有道理：從這個小人
物的行刺事件上，對清廷內部弱點確實是一個大暴露。

如上所述，陳德只是個人的行動，但此事的影響卻是
震動性的。到了嘉慶十八年，又有林清事件。

順天府大興縣人林清，曾在北京藥鋪內當過學徒，故
略懂醫學，後因嫖娼被藥鋪逐出，遂打更為生。後又充當
書吏，又被革退，便和姊夫合開茶鋪，因賭錢折本，被姊夫
所逐，乃往南方當長隨（即跟班），或做江湖郎中。最後，
當了糧船上的縴夫，回到北京，充當小販，開設鳥鋪。嘉慶
十一年，加入榮華會。林清很有口才，能施財營賄，榮華
會的坎卦教主郭潮俊因無能而被林清排擠，眾教徒便奉林清
為教主，改名天理教。

林清當上教主後，行為上也有所約束。

嘉慶十六年，林清南下至河南滑縣，和從前在保定的

同獄犯牛亮臣相見，進而認識了曾為木工、庸保的李文成等人，遂有舉大事的圖謀，打算幫李文成做「人皇」，自己「該做聖人」。

十八年二月，李文成對教徒說：「你們好生用功，一劫能造萬劫之苦，一劫也能修萬劫之福。」（《平定教匪紀略》卷二十一）經過密謀後，準備由東華門、西華門兩路進攻紫禁城，並得到太監劉得財、楊進忠、王福祿等引路和接應。到了八月，因機密泄漏，李文成等被捕，宋元成等為營救李文成出獄，便提前起事。林清因不知其謀，仍擬在九月十五日進攻紫禁城。

至十五日，因東華門護軍覺察較早，遂閉關嚴拒，教徒闖進的僅十餘人。入西華門約有八十餘人，進而聚集於隆宗[1]門，或手執白旗，登牆指揮。這時皇子們在上書房聞變，皇次子綿寧立命取撒袋、鳥槍、腰刀，並命太監登牆瞭望。不久，有手執白旗攀牆將跨養心門而進入的教徒，綿寧連忙用鳥槍擊斃，再發再斃，貝勒綿志亦以銃續斃其一。經過兩三天的激戰和搜捕，這場變亂才始結束。

這時仁宗本在南苑打獵，聞變回鑾，於九月十九日回

1　清宮中的景運、隆宗二禁門，非奏事待旨及宣召，雖王公大臣，不許私入。舊時隆宗門椽桶上，着鐵箭鏃數枝，即為林清事變時所遺留的。

到紫禁城。東華門。

天理教即白蓮教的支派，是一種祕密宗教，故被官方看作邪教。他們的成員大多是下層羣眾，素質良莠不齊。他們所崇奉的祖師爺也是不見經傳、自我幻造的無生老母之類，在羣眾中反而更有號召力與鼓動性。促使他們反抗的前提是官逼民反，而且愈殺愈烈，這一點連皇帝也不得不承認，故而仁宗曾下詔罪己。所謂官逼民反，便是經濟意義激成政治意義。

早在嘉慶三年，洪亮吉曾對白蓮教等勢力的活躍，上書痛陳時政的腐敗，卻被流放伊犁。不到一年，又被釋回，仁宗且以此上書為座右之良箴，說：「自古惟聞用兵於敵國，未聞用兵於吾民，朕安可負洪亮吉之直言」，而將變亂的禍水推在和珅身上，其實還是見樹不見林，和珅為什麼能成為致亂的禍本呢？正如孟森《明清史講義》下冊所說：「故知去和珅為積年隱忍之憾，非真為去吏治之蠹也。」

林清事件，本非宮廷政變的範圍，但其中有太監十二人參加，有的充當接應的內線，等於「後院失火」。太監本是皇家的忠實奴僕，經常接近至尊，出身則很卑微，易與外間的下層接觸（士大夫看不起他們），後來義和拳勢力的進入宮內，也是通過太監。清代至仁宗時，對閹人的控制和約束還是很嚴格的，而林清之變，居然有太監多人參加，就像宮廷政變擦邊球了。

三十四

宣宗承統的真相

　　記載林清事件最翔實具體的史料，當推昭槤的《嘯亭雜錄》。

　　昭槤是清太祖第二子代善之後，嘉慶時授散秩大臣，襲親王爵。林清之變時，他正在府邸中和家僮弈棋，聞變，連忙馳馬入宮，因而對這一戰役的現場實況，都是身經目擊。事後寫了一篇近萬字的《癸酉之變》，收錄於《嘯亭雜錄》中，文筆生動明暢，故事性很強，也可看作古代的「報告文學」。

　　文中說：「賊由門外諸廊房得逾牆窺大內，皇次子立養心殿階下，以鳥槍擊斃二賊，貝勒綿志亦趨入，隨皇次子捕賊。」又云：「有劉姓者（指教徒）縛臥隆宗門側，聞火槍聲，自相怨艾曰：吾早言是物兇狠，終不能成事，若輩不聽好語至此。」

　　皇次子即旻寧，也即後來的宣宗。鳥槍即鳥銃，是一

種西洋傳入的火器，能遠擊，一說即明永樂時的神機槍。林清黨所憑藉的只是老式的刀箭，當然不能和外來的鳥槍相對抗，那位劉姓教徒已有先見之明了。

有的書上說，當旻寧聞變，急命太監取小銃禦敵時，有暗通教徒的內監，給以空心的小銃，旻寧一看，急忙拆下衣上的銀紐扣為子彈，才將爬牆的教徒擊斃。這卻說得太離奇了，衣服上的銀紐扣，充其量只能使敵方受傷，不可能致死的。

其次，旻寧在這一戰役中，固然立了大功，仁宗也褒揚他「有膽有識，忠孝兼備」，並晉封為智親王，但有些書上將他的入承大統，認為和他的以鳥銃擊敵有關。這卻與事實不符。

據王氏《東華錄》：「嘉慶四年四月初十日，仁宗遵密建家法，親書上命，緘藏匣，默體先志，慎簡元良。」可見仁宗於嘉慶四年即已內定旻寧為儲君，林清之變則在十八年。但所謂「緘藏匣」云云，卻與世宗以來密藏於乾清宮「正大光明」匾額後的祖制不同。那末，這匣究竟藏在什麼地方呢？據說是託付於內侍的身邊，實在太冒險了。正如孟森《明清史講義》下冊所說：「以內侍立身，當正大光明之匾，此一內侍，懷此重器，在宮中給事歷數十年，以小人挾此神祕，其變幻何所不有？其未肇清室之大變者，別有天幸，謂為可作家法，可傲千聖百王，則真

無知之見矣。」説得極為警辟。

更奇怪的，仁宗暴崩後，這匣卻遍覓不得，大臣搜索御篋，最後於內待之身得之，而這個內侍為什麼不在仁宗暴崩後明言？孟氏又説：「若搜而不得，是否遂不立嗣君？以此言之，尤為出於情理之外，誠荒誕之甚也。」

《清史稿‧戴均元傳》，記仁宗在熱河病危時，「均元與大學士托津督內侍檢御篋，得小金盒，啟，宣示御書立宣宗為皇太子，奉嗣尊位，然後發喪。」則檢匣事確為實情。包世臣《戴均元墓碑》亦云：仁宗崩後，從官多皇遽失措，「公與文恪（托津）督內臣檢御篋十數，最後近侍於身間出小金盒，鎖固無鑰，文恪擰金鎖發盒得寶書，公即偕文恪奉今上即大位」。

《清史稿》或據包世臣此文，世臣自不敢虛構，不知仁宗當年為什麼要這樣做。

旻寧本名綿寧，即「綿」字排行。既登大寶，乃改「綿」為「旻」，又缺一點為「旻」，改「寧」為「寧」，惟「甯」字雖音義皆同則不避諱。年號為道光。

鄧之誠《骨董瑣記》卷八《道光之立》云：「嘉慶二十五年七月戊寅，帝暴崩，無遺詔。內務府大臣禧恩，援立智親王，是為成帝，禧恩由是貴倖無比。孝全選妃時，二次被擯，以為決不入選矣，遂字（許配）禧寧之子。末次忽中選，並專寵。禧寧於道光中葉得顯官，畀重

任，皆內援也。[1]」孝全指宣宗孝全成皇后鈕祜祿氏，初為嬪，後為貴妃，即文宗之母。禧恩為宗室。《清史稿・禧恩傳》：仁宗崩後，「禧恩以內廷扈從，建議宣宗有定亂勛，當繼位。樞臣托津、戴均元等猶豫，禧恩抗論，眾不能奪。會得祕匭硃諭，乃偕諸臣奉宣宗即位。」似乎宣宗之承大統，事先也有一番波折。實則仁宗有五子，嫡后（孝淑后喜塔臘氏）所生者只有宣宗一人，且是皇次子（第一子早殤），按照立儲法，亦非此人莫屬。

前人常以乾嘉並稱，其實兩者頗有區別，乾隆時尚為盛世。嘉慶開始，漸露衰象，兩次禁門之變，政治上經濟上都現出大漏洞，從仁宗對諸大臣的痛責上，已可窺見當時官僚機體中所暴露的大臣的精神狀態。到了道光朝，雖無重大的宮廷政變，然而外患內亂，相繼紛起，山雨欲來，風滿宮禁。至咸豐朝而有英法聯軍之入侵，文宗夫婦只得倉皇辭廟，最後駕崩於熱河。接下來是兩宮垂簾，「三凶」殞命，又把宮廷政變推向了高峰。所以，我們也可這樣說：如果從宮廷政變的角度來看，道光朝是一個過渡階段。

1　見《藕香簃別鈔》。

三十五

外患與內變

清代自道光朝以前的宮廷政變，都與外國無涉，但自一八四〇年（道光二十年庚子）鴉片戰爭叩開了清廷的海疆，至第二次鴉片戰爭（即英法聯軍之役）後，幾次政變，都與外患有錯綜複雜的關係。

道光三十年，宣宗逝世於圓明園，皇四子奕詝（即文宗）嗣位，改元咸豐。當時御前大臣有載垣、端華及蒙古的僧格林沁親王，並封皇六子奕訢為親王。

咸豐十年（一八六〇）八月，英法聯軍侵入天津，文宗出奔熱河，同往的有孝貞皇后鈕祜祿氏、懿貴妃那拉氏（即孝欽后），那拉氏本人曾勸阻文宗不要離京，這樣才可以鎮攝一切。大臣有載垣、端華、肅順等，他們則堅持離京。京中的政務由奕訢留守辦理，於是有了兩個政治中心。

載垣為聖祖之子允祥之後裔，襲爵怡親王。端華為烏

爾恭阿子，襲爵鄭親王。肅順字雨亭，端華同母弟。咸豐
八年，任禮部尚書，仍主管理藩院事，後又調戶部。

載垣、端華，常誘導文宗娛情聲色，肅順之才遠出二
王之上，治事果斷，頗欲整頓積弊，力主嚴猛，認為過去
的弊病在於太寬。他看不起滿人，說他們胡塗不通，不能
為國家出力，只知要錢，故非重用漢人不可，尤主張以湘
軍抗擊太平軍，倚重曾國藩、胡林翼。左宗棠為湖廣總督
官文所劾，賴肅順調護免罪。漢人文士如郭嵩燾、王闓運
等皆出入其門，為他劃策。科場及戶部兩案，為咸豐時最
大刑獄，都是肅順發動的，其中有羅織和株連之處。其
人雖有識見，但驕傲專擅，權慾極強，所以怨謗叢集，
樹敵亦多。[1] 他在處理外交政策時，也是採取強硬的態度，
如拒絕接受璦琿條約草約，又拒絕割讓烏蘇里江以東給
俄國。

英法聯軍撤離北京後，仍約有六千名留在大沽和天
津。經過這場戰爭，以恭王奕訢為首的一派創立了與西方
的新關係，而在熱河的君臣卻對洋人極為仇恨，於是形成
了兩者之間的裂痕。

留京王大臣幾次請文宗早日回鑾，文宗始終不允，理

1　費正清主編的《劍橋中國晚清史》（中譯本）對肅順等的評議，頗
　　可參閱。

法國畫報刊登清朝全權代表恭親王奕訢在禮部會見

英法代表以議定簽署《北京條約》的情形

由是恐怕洋人翻覆，再來挾制，實際卻在木蘭行在觀劇聽戲，欣賞老生黃春全的《飯店》，張三福的《戰潼關》，崑劇小旦嚴寶麟的《遊寺》等。有一次，有個老伶工陳金崔教太監唱《聞鈴》的《武陵花》曲，至「蕭條恁生」句，「恁」應作去聲，陳伶卻讀作上聲，文宗指出他錯誤，金崔答道：係按照舊曲譜之聲來念，文宗道：「舊譜固已誤耳。」原來他的心神全放在聽曲上了，也使人想起李商隱《北齊》的「晉陽已陷休回顧，更請君王獵一回」的名句。

當時侍郎勝保曾上一疏，中有云：「若木蘭行在，不過供遊豫之觀，並非會歸之地，暫幸則循舊例，久居則為創聞。……夫天下不患土崩而患瓦解，而其所患不在顓臾而在蕭牆。欲皇上之留塞外者，不過左右數人，而望皇上之歸京師者，不啻億萬計。我皇上仁明英武，奈何曲循數人自便之私，而不慰億萬來趕之望乎？」此疏在當時頗受人激賞，並已隱約指出載垣等的私心，但文宗只批一「覽」字。肅順亦建築私邸以為久居之計，因此始終不肯回鑾。

後人曾以《尚書》中的「內作色荒，外作禽荒」二語移識文宗。當時國內的局勢，不但「洋禍」餘波未曾平息，國土主權，一再蹙損，而太平軍的聲勢正威脅東南，民心惶懼，瘡痍遍地，皇帝卻還有這樣的閒情逸致，說明國政的腐敗，總是從最高層開頭的。

　　《清史稿·文宗本紀》評云：文宗生不逢時，遂無一日之安，「而能任賢擢材，洞觀肆應。賦民首杜煩苛，治軍慎持馭索。輔弼充位，悉出廟算。向使假年御宇，安有後來之伏患哉？」（死時僅三十一歲）這些都是無話可說時的混話，末了這一句，也可能指後來孝欽的禍國，但文宗即使活得長命，也未必能制約她。

　　到了文宗駕崩才一個月，一場政變的風暴就此掀起，勝保所謂「不在顓臾而在蕭牆」之患，也成為先見之明了。

寶之筆御豐咸

咸豐印

三十六

西太后初露鋒芒

　　辛酉政變，是西太后初露鋒芒的契機。

　　咸豐十一年（一八六一）辛酉，七月十七日，文宗病危，召見御前諸大臣，傳諭立皇長子載淳為皇太子，並派載垣、端華、景壽、肅順、穆蔭、匡源、杜翰、焦祐瀛「盡心輔弼，讚襄一切政務」。諸臣請文宗用丹毫手書，帝以手力已弱，不能執管，遂諭「著寫來述旨」，所以遺詔中有「承寫」字樣，至卯時（五時至七時）崩逝。文宗的皇后鈕祜祿氏、琳貴太妃烏雅氏均曾奠酒而不及懿貴妃那拉氏。嗣皇帝載淳是那拉氏生的，這當然使她很難堪。但當日即由敬事房首領傳旨：「鍾粹宮[1]皇后晉封皇太后」，此即鈕祜祿氏，時年二十五歲。「儲秀宮懿貴妃晉封皇太

1　鍾粹宮，東六宮之首，故俗稱東太后。儲秀宮，西六宮之首，故俗稱西太后，載淳出生於此。

后」，此即那拉氏，時年二十七歲。又稱鈕祜祿氏為母后皇太后，那拉氏為聖母皇太后，這是援引明萬曆朝的故事，但在那拉氏總覺得還有區別，不夠稱心，所以後來又上徽號，一稱慈安，一稱慈禧。

文宗晚年，肅順等的權勢已超過各軍機大臣，死後便以贊襄王大臣的身份統攬大權。肅順和慈禧，性格上都屬鷹派，俗語所謂「硬碰硬」，原是難以共存，都不喜歡還有比她（或他）更有權力的人。肅順很得文宗的信重，隱察文宗有嫉恨慈禧專橫意，乘間以漢武帝對付鈎弋夫人[1]故事煽動文宗，文宗有所不忍。後來醉中惱怒漏言，為慈禧聞知，把肅順恨得刺骨。

文宗一死，慈禧便以肅順專權事挑撥慈安，並力主兩人一同垂簾聽政。慈安以此舉違反清室祖制，起先未曾答應，後被說動，但要她先徵求恭王奕訢的意見，恭王正想用事握權，便起程抵達行在，祭文宗之靈後，太后將召見，載垣等竭力阻止，杜翰還當眾說：「叔嫂當避嫌疑，且太后居喪，尤不宜召見親王。」但因太后堅持，奕訢乃約與端華同往，端華目視肅順，肅順笑曰：「老六！汝與兩宮叔嫂耳，何必我輩陪哉！」奕訢乃獨往，兩太后涕

1　鈎弋夫人，漢武帝妃子，傳説生而兩手皆拳。居鈎弋宮，生昭帝。後受責，遂憂死。這裏指請文宗處死那拉氏。

泣。而道載垣等之侵侮，因而密謀殺計。奕訢認為非還京不可，太后說「奈外國何？」奕訢答道：「外國無異議，如有難，惟奴才是問。」[1]

兩宮、恭王、肅順，本來都是「一家人」，這時卻各人有自己一本賬，形成了微妙的三角關係。

當奕訢回到京師前一天，御史董元醇已有一疏抵達熱河行在，這便是轟動一時的請兩宮垂簾疏。由於清室一向無太后垂簾之制，所以疏中以「事貴從權，理宜守經」開始；所謂從權，便是「皇太后暫時權理朝政，左右不能干預，庶人心益知敬畏，而文武臣工俱不敢稍肆其蒙蔽之術」。董疏中又有「垂簾之儀」語，將應用「制」字而改用「儀」字，亦掩耳盜鈴的手段。

董元醇此疏，因為投機希旨而發，但上的時間太早了，恭王還沒有佈置妥貼，只好「留中」，而載垣等已極為憤慨，便擬一旨駁斥，並說：「贊襄幼主，不能聽命太后，請太后看摺，亦係多餘之事。」杜翰甚至說：「若聽信人言，臣不能奉命！」其他諸人，語亦多激烈，聲震殿陛，太后為之震怒手顫，幼主因驚怖啼泣，遺尿於太后衣。

1　清代旗籍近臣書面或口頭，對皇帝、太后皆稱奴才，但奕訢在奏章中是稱臣的。此處的對話據《祺祥故事》引錄。又，《祺祥故事》中說「既而御史高延祜上請垂簾」，不知是否誤記？請垂簾的應是董元醇。

奕訢

八月十四日，欽差大臣勝保自京畿抵行在，乃受奕訢邀結而來。勝保這時任兵部侍郎，親自督練京兵。對肅順有示威意，對兩宮則為壯膽。

薛福成《庸庵筆記》：「兩宮俟恭親王行後，即下回鑾京師之旨，三奸力阻之，謂皇上一孺子耳，京師何等空虛，如必欲回鑾，臣等不敢讚一辭（肅順所以不讓兩宮回京，怕回京後不容易制伏慈禧）。兩宮曰：回京設有意外，不與汝等相干。」隨即命令準備車駕，並派肅順、奕訢等護送梓宮回京（這也是密定之計）。兩宮及幼主在大行皇帝靈前行禮後，即啟程回京。九月廿九日，至德勝門，慈安偕幼主同乘一轎，慈禧轎在後。

這時恭王授意大學士賈楨、周祖培（在戶部時，屢受肅順凌辱）等聯名上疏於前，勝保之疏又同時抵京。兩疏的焦點，也便是（一）控訴載垣等的專擅，（二）請兩宮垂簾聽政。兩太后即密召恭王面詢一切。接着，又將在熱河草就的諭旨宣佈，旨中除含混地痛斥載垣等無人臣之禮外，只解除八大臣贊襄政務的職任。

到了十月初，諸大臣會議載垣等罪名，久不能決，後由刑部尚書趙光抗論，以為應照大逆不道律凌遲處死，上諭則改載垣、端華賜令自盡，肅順斬立決。

肅順是在護送梓宮的途次、留駐密雲縣時被捕的，由密雲而押解宗人府。《庸庵筆記》云：「肅順瞠目叱端華、

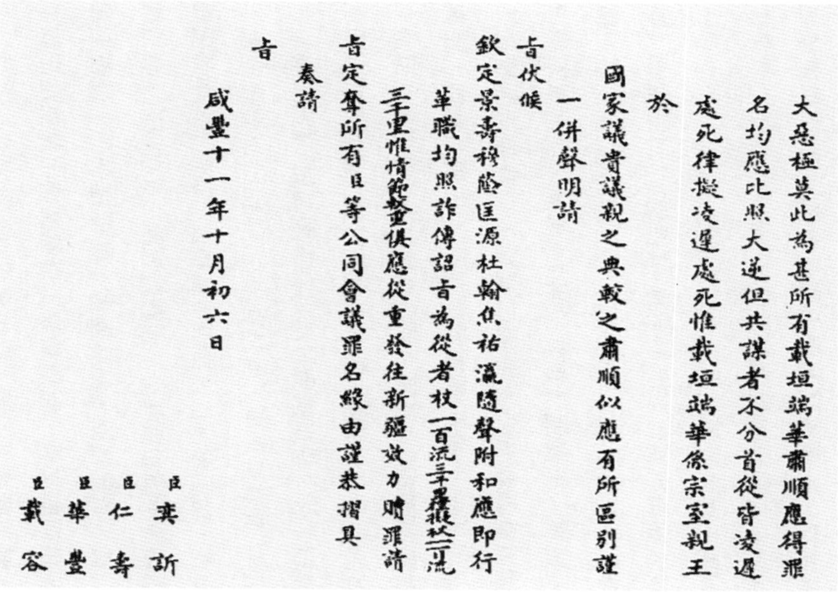

大惡極莫此為甚所有載垣端華肅順應得罪
名均應比照大逆但共謀者不分首從皆凌遲
處死律擬凌遲處死惟載垣端華係宗室親王
於
國家議貴議親之典較之肅順似應有所區別謹
一併聲明請
旨伏候
欽定景壽穆廕匡源杜翰焦祐瀛隨聲附和應即行
革職均照詐傳詔旨為從者杖一百流三千里擬杖一百流
三千里惟情節較重俱應從重發往新疆效力贖罪請
旨定奪所有臣等公同會議罪名緣由謹恭摺具
奏請
旨
咸豐十一年十月初六日
臣奕訢　臣仁壽　臣華豐　臣載容

1861年廷議怡親王載垣等人罪名的公摺局部

載垣曰：『若早從吾言，何至有今日？』二人曰：『事已至此，復何言？』載垣亦咎端華曰：『吾之罪名，皆聽汝言成之。』故論者謂，三兇之罪，肅順尤甚，端華次之，載垣又次之。」黃濬《花隨人聖庵摭憶》云：「以肅順之才識論之，亦必早知西后之不相容，而有先下手之意，惜怡、鄭兩王庸才，不能從，故同及於難。」

後人亦頗有為此案鳴不平的，《摭憶》又引王伯恭《蜷盧隨筆》，極稱肅順之學術經濟，迴非時人之倫，因而稱此案為冤案。王闓運《祺祥故事》：肅順「臨刑罵不絕，卒以攔阻垂簾斬於市，而賜二王死，一時無識者謂之三兇，即詔旨亦不知垂簾之當斬也。」末兩名意謂，將載垣、端華、肅順謂之三兇，那是無識之人，應當斬的倒是主張垂簾的人。王文後段，對恭王之好財貨，頗有微詞。闓運曾入肅順之幕，待以國士，所以為肅順鳴屈。《清史稿》評肅順云：「其贊畫軍事，所見實出在廷諸臣上，削平寇亂，於此肇基，功不可沒也。自庚申議和後，恭親王為中外所繫望，肅順等不圖和衷共濟，而數阻返蹕。文宗既崩，冀怙權位於一時，以此罹罪。赫赫爰書，其能逭乎？」爰書指記錄罪犯供詞的文書。意思是說，既然文書上赫然地記載了罪狀，那還躲逃得了麼？似也含皮裏陽秋之意。

肅順的驕橫專斷固是事實，但當時如果由他們一派來當權以扶幼主，晚清的政局或許不至敗壞到這個地步。雖然這話到現在來說，也沒多大意思了。

　　綜觀肅順等所以失敗的原因，約有這幾點：（一）恭王奕訢是當時親貴中最負聲望的人物，於幼主載淳為叔父，而恭王因曾與洋人談判和議，頗有周旋，這時實際上已得洋人的認可和支持，所以他對太后的答詞有「惟奴才是問」的話，即俗語所謂「保在我身上」。勝保奏疏中也有「且恐外國聞知，亦覺於理不順，又將從而生心，所關甚大」云云，這一點，很值得我們重視：過去的幾次政變，根本不考慮什麼洋人、外國，這說明這時外國人的壓力和影響，已深入到政變內部。（二）除外國人外，恭王又得到勝保等握兵權的武臣支持。（三）當時諸王大臣中，對西太后也有憎惡的，但她畢竟是嗣君的生母，既然要忠於嗣君，也不得不忠於其母。蕭一山《清代通史》下冊云：「而兩太后，八輔政，一親王，又係鼎足三分之局。以勢力論，則北京（指恭王）較優，以名分言，則行在（指兩太后所在的熱河）為正，二者合而為一，則輔政之勢孤矣。」這是說得很中肯的。慈禧能利用和聯絡恭王，這也是棋高一着之處。（四）肅順平日行事，也有不得人心地方，《庸庵筆記》記肅順被押赴刑場時，「過騾馬市大街，兒童歡呼曰：『肅順亦有今日乎？』或拾瓦礫泥土擲之。頃之，面目遂模糊不可辨云。」肅順以科場、鈔票兩案，無辜受害者尤多，京中聽到殺肅順，皆交口稱快。

　　總之，就各方面條件而論，肅順一派是處於劣勢的。

三十七

垂簾與女權

　　《東方雜誌》第九卷第一第二兩期，曾經刊載《清宮祕史》，編輯發表的人署名高勞。據高勞說：「涵芬樓近購得端肅遺事祕札一冊。皆當時直（值）行在軍機者與北京當路之祕密書札，凡十餘通。札中多作隱語，非稔其事者，勿能詳焉。……此亦清宮之祕史也。擇其較有關係者，錄之如左。」高勞即選了十二通，人稱「熱河密札」，為極其重要的晚清史料，談辛酉政變者皆必提到。

　　密札的發信人和收信人是誰，雖經專家考釋，至今尚不能全部確定，其中還有許多隱語、代號，如「宮燈」，有時指肅順，因「肅」字形如宮燈；有時指恭王奕訢，因宮、恭同音。密札作者，前十一札當是恭王一派，第十二札當是肅順一派。

　　一九三二年，日軍侵略上海，東方圖書館被毀，密札成為灰燼。黃濬《花隨人聖庵摭憶》曾抄錄《東方雜誌》

所載之密札，並略加註釋。北京中華書局的《近代史資料》第一期，又據《摭憶》轉載。

下面舉第一札為例：

玄宰摺請明降垂簾旨，或另簡親王一二輔政，發之太早，擬旨痛駁，皆桂翁手筆。遞上，摺旨俱留。又叫有兩時許，老鄭等始出，仍未帶下，但覺怒甚。次早仍發下。復探知是日見面大爭。老杜尤肆挺撞，有「若聽信人言，臣不能奉命」語。太后氣得手顫。發下後，怡等笑聲徹遠近。此事不久大變，八人斷難免禍，其在回城乎。密之密之。

玄宰指上垂簾疏的御史董元醇。「另簡親王一二」指恭王等。桂翁指焦祐瀛字桂樵。「擬旨痛駁」的旨是肅順一派擬的，所以遞上後，摺與旨都被「留中」。「叫」為「起叫」的省稱，即召見。老鄭指鄭親王端華。怡等指怡親王載垣等人。這幾句指痛駁的擬旨，經過載垣等和太后的面爭，終於發下，故而得意狂笑。這是雙方衝突的開始，但發信人已料到「八人斷難免禍」。

密札的第十二通很重要，但字數較多，摘錄於下：

諸事母后頗有主見（實際上東太后是無主見的人），垂簾輔政，蓋兼有之。……風聞兩宮不甚愜洽，所爭在禮

節細故，似易於調停也。

夫己氏聲勢大減，諸所鑽求，不敢輕諾，六兄來，頗覺隆重。單起請見，談之許久，同輩亦極尊敬之。已定拿車二百輛，於八月初十日齊備。主位先行陸續回家，以免臨時闕乏。……此處恭理約四十餘人，大約行在有勞績者均已列入，以便並案出保，以省頭緒。

母后指東太后鈕祜祿氏，她比西太后圓通謹慎，札中所謂「垂簾輔政蓋兼有之」，即是對兩宮對八大臣都照顧到了，俗語所謂「擺平」。「風聞兩宮」這三句，當是指祭文宗之靈奠酒時，有皇后而不及懿貴妃事（參見前篇），也見得東西兩太后的矛盾早就存在了。

「夫己氏」（典出《左傳》）猶言某甲，不明指其人，常寓貶斥之意，這裏指西太后，透示了八大臣對兩太后的態度（這一通密札作者是八人派）。六兄指恭王，他的排行是第六。「單起請見」事詳見前一篇。「恭理」指護送文宗靈柩回京事，其中即有肅順，故下文接以「行在有勞績者」。

全部密札的重心在垂簾，而垂簾之制，並非晚清才開始，今天又應當怎樣看待？

老王死了，嗣君年幼，由太后督導聽政，聽取大臣的奏報，審閱重要的文件，就今天的觀點來看，有什麼爭論的餘地呢？然而在中國的封建社會裏，由於政委婦寺（寺

指寺人，即太監）、牝雞司晨、唯女子與小人為難養也等等一些偏見野話的影響，士大夫一聞垂簾，惶惶然如見不祥之兆。所謂垂簾，就是在皇太后座位前垂列八扇黃色紗屏[1]，這一制度本身就體現了對女性的歧視，為什麼皇帝臨朝時用不着垂簾呢？

北宋的宣仁太后高氏是垂簾的先驅人物，曾有「女中堯舜」之稱。她固然是舊党的後台，但為人還是正派的，因而得到許多正直的士大夫的擁護，這說明垂簾並非什麼大缺德的壞事情，否則，即使屬於同一集團的司馬光，以他的倔強固執，也會拚死力爭的。

外國的女王時代，人民對他們的評價，只在政治傾向或個人行為上，而不在性別上，不因她們是女性而予以額外的負荷。署名贅漫野叟的《庚申夷氛紀略》中有這樣一段話：「英之國王皆女主，進御男夷，不一而足。生男則出贅，生女留以嗣位，洋錢所鐫人頭，即其國王之像，是女形也。」此處的庚申，即英法聯軍時的一八六〇年，也即辛酉政變的前一年。文中寥寥數語，已足暴露當時士大夫的眼界、學識和心態：由於這時正值英國的維多利亞女

1　《清宮述聞》引《翁文恭日記》：簾用紗屏八扇，黃色。同治帝在簾前御榻坐。一說垂簾聽政時，太后坐於大殿，座前以黃絲簾障之。召見人員，皆不能見，諸臣若有失儀，兩宮皆可窺見。

王時代，便武斷説「英之國王皆女主」，而引起作者那種歧視鄙視、大驚小怪的心理，就因國王是女性的緣故。

後人曾以清初的孝莊與晚清的孝欽對比：孝莊生前未垂簾，孝欽則反之。孝莊和孝欽的功過，史家已有定評，但垂簾與否，不能以此作為兩人優劣的依據。而且順治、康熙兩朝，孝莊對朝政實質上是干預的、過問的，所以勝保疏中說孝莊「無垂簾之名，有聽政之實」。

總之，問題不在是否垂簾，而在由什麼人垂簾，孝欽的垂簾，就成為家門不幸了。辛酉之變，固有權力上的爭奪，也有性別上的衝突。

還要指出，無論是北宋的高氏或晚清的那拉氏，她們的垂簾聽政，並非自覺地為了維護女權，爭取女權，相反，她們自身還是不能擺脱對男性的人格依附，但歷代士大夫的反對垂簾，僅僅因為垂簾的皇太后是個婦女的緣故，一見女權露了頭，總要找出種種理由來壓制。中國的歷史所多的一重複雜性，就是在性別問題上老是糾纏不休。

文宗奕詝和恭王奕訢都是宣宗兒子，都有做嗣君的資格。奕詝是第四子，孝全皇后鈕祜祿氏所生。奕訢是第六子，孝靜皇后博爾濟吉特氏所生。宣宗於道光二十六年（一八四六）六月十六日，於「封名匣」時有兩諭，一立奕詝為皇太子，一封奕訢為親王，開清朝建儲家法未有之例。奕詝即位，即封奕訢為恭親王，並將宣宗硃諭宣示，

命編入《實錄》。

王闓運《祺祥故事》云：

恭忠王母，文宗慈母也，全太后以託康慈貴妃（即博爾濟吉特氏，當時尚為貴妃），貴妃捨其子而乳文宗，故與王如親昆弟。即位之日，即命王入軍機，恩禮有加，而冊貴妃為太貴妃，王心慊焉，頻以宜尊號太后為言，上默不應。會太妃疾，王日省視，帝亦省視。一日，太妃寢，未覺。上問安至，宮監將告，上搖手令勿驚。妃見牀前影，以為恭王，即問曰：「汝何尚在此，我所有，盡予汝矣，他（指文宗）性情不易知，勿生嫌疑也。」（不要恭王常進宮，免得引起文宗猜忌）帝知其誤，即呼「額娘」（滿語，即娘、媽），太妃覺焉，回面一視，仍向內臥不言。自此始有猜，而王不知也。又一日，上問安，入，遇恭王自內而出，上問病如何，王跪，泣言已篤，意待封號以瞑，上但曰「哦」！「哦」！王至軍機，遂傳旨令具冊禮。所司以禮請，上不肯卻奏，依而上尊號，遂慍王，令出軍機，入上書房，而減殺太后喪儀，皆稱遺詔減損之，自此遠王，同諸王矣。

文中的「慈母」是按照古禮的一種特定稱謂，指撫育自己成長的庶母，與「慈母手中線」的「慈母」是兩種涵

義。但「貴妃捨其子而乳文宗」一語，卻與事實不符，因
孝全后死時，文宗已十歲，即使是嬰孩，也不可能由後宮
貴妃親自哺乳，應如《清史稿‧孝靜成皇后傳》所載：「妃
撫育有恩」。

文宗在熱河病篤時，恭王希望能見一面，文宗手批奏
疏云：「相見徒增傷感，不必來覲」，即是不滿於恭王的
表示，所以肅順等擬遺詔時，沒有將恭王列為顧命大臣，
但顧命八大臣中第三名的景壽，則為康慈貴妃的女婿（即
額駙）。

據《晚清宮廷生活見聞》中惲寶惠的《關於慈禧太后
「垂簾聽政」之因果》篇所記，咸豐五年七月，貴妃病劇，
尊為康慈皇太后，越九日而逝世。文宗服縞素二十七日，
青袍褂百日，一切均按后禮辦理，上謚號曰孝靜，不繫廟
謚[1]，並於奉安東陵後，神牌回京，升祔（祭奠）奉先殿，
不祔太廟。此乃情禮並盡，無可非議。而奕訢力爭，請既
已稱后，即應祔廟，並稱廟謚，兄弟意見衝突。文宗特下
諭，將奕訢軍機大臣、宗令等職務悉予開去，毋庸恭理喪
儀。此為文宗與奕訢失和之始。

但在辛酉政變時，慈禧因為要籠絡奕訢，曾授以議政

1　宣宗的廟謚為「成」，孝靜若繫廟謚，應作「孝靜成皇后」，當時
　　只作孝靜皇后，但後來還是繫上廟謚。

慈禧

王名義，食親王雙俸，並免去召對叩拜、奏事書名之禮，暗中實很猜忌。這時安得海正想恃寵弄權，而奕訢則功高位尊，自遭安得海之忌，便在慈禧前進讒中傷，遂藉故罷奕訢議政王之位，後經惇親王綿愷、醇親王奕譞等的力爭，恢復了一部分名位，卻不恢復議政王名義。這是同治四年（一八六五年）事，也是慈禧向恭王立威的第一着。

同治八年，安得海奉慈禧之命赴廣東採辦龍衣，沿途放盪招搖，帶有女樂，品絲調竹。至山東境，被巡撫丁寶楨扣押，後即就地正法，也算替六爺出了口氣。

光緒六年（一八八〇），太監違禁攜物品外出，為護軍攔阻毆辱，此原為數百年之門禁規例；而宮監為慈禧所遣，以贈送物品與母家，乃大怒，嚴諭當值護軍處斬，首領革職。命下之日，盈廷騷然。張之洞、陳寶琛等皆上書力言，恭王亦以為不可，致與慈禧爭辯。慈禧曰：「汝事事抗我，汝為誰耶？」恭王曰：「臣是宣宗第六子。」慈禧曰：「我革了你。」恭王曰：「革了臣的王爵，革不了臣的皇子！」慈禧無以應。（見金梁《清宮外傳》引《皇室見聞錄》）這又是一件和太監有關的故事，而慈禧和恭王之間的矛盾也更加深重。對於帝皇或后妃，有時臣下因政見上的紛歧而獲罪受罰，有時就因觸犯了他（她）們的私人細故而遭忌積怨。

次年三月，慈安逝世，年四十五，諡孝貞。她的死

因，後人也有一些傳說，惲毓鼎《崇陵傳信錄》云：

> 相傳兩太后一日聽政之暇，慈安忽語慈禧曰：「我有一事，久思為妹言之，今請妹觀一物。」在篋中取捲紙出，乃顯廟（指文宗）手敕也，略謂葉赫氏[1]祖制不得備椒房，今既生皇子，異日母以子貴，自不能不尊為太后，惟朕實不能深信其人，此後如能安分守法則已，否則，汝可出此詔，命廷臣傳遺命除之。慈安持示慈禧，且笑曰：「吾姊妹相處久，無間言，何必留此詔乎？」立取火焚之。慈禧面發赤，雖申謝，意怏怏不自得，旋辭去。

後來慈禧便遣太監向慈安進贈克食（滿語，牛奶餅之類），慈安吃了就殞命。惲氏曾官翰林，自序中說「事先帝（指德宗）十九年」，所居皆史職，是德宗時的舊臣，後為遺老。自序中又說：「至若赤鳳之謠，揚華之歌，怨口流傳，幾成事實，宮廷隱祕，姑從闕如。」赤鳳指漢代趙飛燕事，揚華指北魏胡太后事，趙、胡都是歷史上著名的有穢行的太后，這裏指慈禧。

1　葉赫本女真部族名，後滅納（那）拉部，遂以那拉為氏，再後葉赫為建州女真（滿洲的前身）所滅，清太祖因諭以後葉赫部的女子不得進後宮。慈禧即出葉赫一系，故云。

奕訢楷書

　　慈安是否慈禧毒死，至今尚是一謎，但恐非事實；而慈安為慈禧所忌，則由來已久。慈禧私德上的不檢，入民國後，議論紛紛，只是有的傳說過於荒誕，如蕭一山《清代通史》下冊《慈安被弒與恭王罷黜》所記，慈禧曾經小產，薛福辰（福成之兄）會診其脈，投以疏淪補養之品。慈安之死，蕭氏似謂與此事有關。據《通史》，慈禧小產在光緒七年，這時她已四十七歲（她比慈安大二歲）。即此一端，便說明此事不可信。

　　民國以後，慈禧私德所以特別為人渲染誇述，真像一頭狐狸精那樣，原因不外這幾點：一是出於排滿反清的動機，把對方說得越醜越痛快，二是戊戌維新失敗，帝黨一些舊人，發泄怨恨的情緒，惲毓鼎便在序中偏要與赤鳳、楊華故事並提，三是慈禧既是一個寡居的女主，而性格、行為又狠辣強悍，奢侈放縱，善於玩弄權謀，發動政變，更易成為眾矢之的。

奕訢印

三十八

變法與政變

　　戊戌變法，是從康梁的角度說的，有的卻作戊戌政變（如梁啟超的《戊戌政變記》），這固然也通，因為政變也發生在戊戌那一年，卻是矛盾的另一面了。前者是陽謀，後者是陰謀，前者的主角是帝党，後者是后黨，而從變法到政變，則是一個逆反性的負面過程。當然，如果變法成功，也可以說是一場政變，但性質不同，是非有別。本書則側重於政變部分。

　　就慈禧和德宗之間的矛盾來說，固然有政見上的歧異，權力上的衝突，另外也有一些錯綜複雜的倫理因素。

　　穆宗是慈禧所生的惟一兒子，德宗不是她親生的，是她的姪子。德宗以堂弟而承堂兄之統，全是出於慈禧的別有用心的策劃。當時正值內亂外患接踵而起，國賴長君，她卻偏要立一個四歲的娃娃來做皇帝。她本來已經歸政（引退）了，到了德宗即位，又與慈安一同垂簾聽政，慈

安只是象徵性的。

　　德宗成長後，對自己的來龍去脈逐漸明瞭。他對慈禧，一面很馴服尊敬，一面深懷戒懼之心，因為慈禧畢竟不是他親娘，她既然會立他，說不定有一天會廢他。一道陰影，早就抹上少年皇帝的心頭。慈禧呢，同樣有着放不下的疑忌心理，因為德宗不是自己十月懷胎生出來的。這種心理上的距離，皇家也好，民間也好，都是很難避免。加上皇家權力上的衝突，更容易走向極端。

　　慈禧和德宗的年齡相差三十六歲。光緒二十年（一八九四），慈禧六十壽辰，德宗還是二十四歲的青年，如果在現代是大學才畢業，慈禧在各方面已經定型了。這也影響了兩人在接受新學說、新事物上的差別，從而導致了意識形態上的差異，例如德宗接觸了一些西學知識，對李提摩太 [1] 翻譯的馬西懇的《泰西新史攬要》很感興趣。慈禧的仇外心理很頑強，而且不是一朝一夕造成的。說來可憐，自從鴉片戰爭以來，自大慣了的中國確實吃了洋人的好多苦頭。

　　鄧之誠《中華二千年史·戊戌變政》云：「母子失和，關鍵在西后不肯作閒人。」說得很風趣很幽默。不肯作閒

----

[1]　李提摩太，英國人，由英國浸禮會派遣來華。康有為曾建議請其任德宗顧問，德宗且擬召見，後以后黨密謀政變，未果。

人，便是權力不放手。

如果這種權力衝突，只局限於母子兩人之間，也許不至發展到後來那樣火爆。但在戊戌變法時，壁壘森嚴的帝黨、后黨兩大集團，已經對立，最後便帶來了一場人頭落地的政變。

梁啟超在《戊戌變法記》第二篇《光緒二十年以來廢立隱謀》中，歷舉慈禧剪除德宗羽翼六端：

（一）革去抗疏上奏的御史安維峻之職，並遣戍張家口。疏中說：太后既已歸政於皇上，則一切政權不宜干預，免掣皇上之肘。革職的上諭，由德宗出面，實際上是由太后下令，德宗下旨，其他一些懲處變法官員的諭旨，都是使用這種方式。

（二）革去瑾妃、珍妃的妃號，並褫衣廷杖。妃嬪而受廷杖，這是清制所未有的。

（三）革去翁同龢毓慶宮差事，使他不能與德宗密談。毓慶宮為德宗書房，同龢為德宗師傅，所以相見時沒有其他大臣。

（四）革去工部侍郎汪鳴鑾、兵部侍郎長麟之職[1]。

鳴鑾與同龢友善，也力主鞏固帝位。長麟為旗人，

1　據上諭所載，革職時汪鳴鑾為吏部侍郎，長麟為戶部侍郎。

他曾說過這樣的話:「太后雖穆宗皇上之母,而實文宗皇上之妾。皇上入繼大統,為文宗後。凡入嗣者無以妾母為母之禮,故慈安皇太后者,乃皇上之嫡母也。若西太后,就穆宗朝言之,則謂之太后,就皇上言之,則先帝之遺妾耳。本非母子,皇上宜收攬大權」云云。長麟如果確實說過這些話(否則,也是維新派在說的),只革他的職,還算寬容的。而且,既然承認西后在穆宗朝是太后,就得承認在德宗朝同樣是太后,不能因為臨到德宗繼統,就成為「先帝之遺妾」。慈禧於文宗逝世後為兩宮,為太后,這是客觀事實,對她專橫攬權的指責,不應在這些方面做文章。另一方面,又說明正因德宗不是她親生的,就給外間多了一重口實。長麟即使沒說過,慈禧本人也會意識到。

(五)革去光緒帝師侍讀學士文廷式職,永不　用。廷式曾入廣州將軍長善幕府,與長善嗣子志銳、姪志鈞相友善,而二人皆侍郎長　之子,瑾妃、珍妃之胞兄。廷式又劾李鴻章主持馬關和議,為后黨疾恨。但梁氏謂廷式曾教授瑾妃、珍妃,則非事實。

(六)處斬奏事處太監寇連材。連材本慈禧派往窺探德宗密事,但他深明大義,反請太后勿掣德宗之肘,又請勿縱流連之樂,因而觸太后之怒。但此事不知道是否真實。

康梁與慈禧為政敵,他們筆下的記述和評論,往往意

氣用事，附會失實，但梁啟超說的慈禧要翦除德宗羽翼，作為廢立的步驟，大致可信，不過，我們看看這些羽翼，都沒有一個是具實力握兵權的人。翁同龢是帝師，已入軍機，忠實於德宗，也較有頭腦，但他使用的是軟刀子，而且對康梁的政治主張並不完全同意，即使加上梁文中未列入的康梁本人及六君子等，也都是文士而無兵力。

要改變國家體制、建立政治上的新秩序、制虎視的政敵以死命，就必須有真刀真槍作後盾。老佛爺原是一個老婦人，長期深居宮中，很少與社會接觸，她發動的政變所以成功，就不是依靠文士。

翁同龢印

免散失光緒己亥冬日遂居士書
餘共回檢篋藏手札忐付裝池以
正自墓廬杜門不得報書一年
或不出此師筆墨爾雅罕有其
黨益肆幾于不可收拾瓶師右在
沽執手依：乃有知己之語後來康
麗備奉詔回籍伊追送于塘
札往來無間也戊戌四月為康逆
甲午以後議論漸有不合然手
獎許康辰出瓶公門下乘愛尤摯
於先毋舅龐文恪公寓齋頗蒙
同治辛未伊初試南宮得見瓶公

翁同龢手札

三十九

帝黨與后黨

　　德宗是很想改變現狀的，但在戊戌變法以前，他是孤立的，真正是個孤家寡人。惟一效忠於他的是師傅翁同龢，但翁氏受傳統的倫理道德教養很深，對太后，他是絕對不會做貳臣的，德宗本人，其實也不敢激怒慈禧。這也是變法的先天軟弱性。

　　惲毓鼎在《崇陵傳信錄》的序中說：「緬維先帝御宇，不為不久，幼而提攜，長而禁制，終於損其天年。無母子之親，無夫婦昆季之愛，無臣下侍從宴遊暇豫之樂，平世齊民之福，且有勝於一人之尊者。毓鼎侍左右近且久，天顏感感，常若不愉，未嘗一日展容舒氣也。」這也許是德宗要變法圖強的心理條件，不但國家的前途，就是他個人的積弱也可由此而擺脫，使「天顏」由此而展舒。

　　德宗受制於慈禧，母子之間長期失調，慈禧當然心中有數，這時看到六堂官的被黜、六君子的受知，怎不感到

康有為

咄咄逼人，心驚肉跳？本來還只限於母子之間的嫌隙，頓時就升級了。

當楊銳、劉光第、林旭、譚嗣同四人入軍機以前，有一禮部主事王照（維新派）向德宗上書言事，例由堂官代奏，但禮部尚書懷塔布、許應騤（滿漢兩尚書）不肯代奏，王照當面責難他們，於是堂司交哄。德宗知道後，欲藉此以儆幾個保守大臣，為自己立威，便將懷、許及侍郎堃岫、溥頲、徐會灃、曾廣漢六堂官一齊革職，而賞王照三品頂戴，以四品京堂[1]候補。

懷塔布為榮祿從叔，其妻常入侍慈禧，為裝扮福祿壽三星之一，便向慈禧哭訴，說要盡除滿人，慈禧自大不高興。而和六堂官事件利害相關的，還有一大批吃現成皇糧的守舊的官僚，接着是四卿入要害部門的軍機，矛盾更其尖銳了。

四卿以至康梁，都是手無寸鐵的書生，維新的聲勢雖然浩大，但真正在德宗左右奔走活動的為數極少。古人所謂勤王，都是有兵力作後盾的。

慈禧就不同，直接間接為她效忠的多是實力派，其中

---

1 京堂，本為對某些高級官員的稱呼，一般為三品或四品，至晚清，三、四品京堂已成為虛銜。

舉足輕重的是榮祿[1]。

　　榮祿，正白旗人。光緒二十年十月，慈禧六旬萬壽，他自西安將軍任上入京祝壽，即授步軍統領。次年，遷兵部尚書。二十三年，上疏請廣練兵團，其中有一段很警辟的話：「外交之進退，視其兵之多寡強弱以為衡。強則公法所不能拘，弱則盟約皆不可恃。」他已經認識到武力的重要，疏中雖說的是對外，其實完全適用於對內。下面又說：袁世凱的新建陸軍，「聞其兵皆軀幹彪悍，步伐整齊，為各軍冠。雖未經與泰西軍隊較量軒輊，而比之湘、淮舊伍，已覺煥然改觀。」（《清史列傳‧榮祿傳》）可見，這時袁世凱在榮祿心目中的地位，已在湘、淮諸帥之上。

　　到了二十四年戊戌（一八九八）時，榮祿已為文淵閣大學士、直隸總督兼充辦理通商事務北洋大臣。更重要的，董福祥的甘軍、聶士成的武毅軍、袁世凱的新建陸軍的北洋三軍，都受他控制、支配，梁啟超所謂「身兼將相，權傾舉朝」，集軍政大權於一身，隱然為北洋軍閥的鼻祖。

　　當新政頒行之初，后党向榮祿陳訴，他說：「姑俟其

1　後人傳說榮祿是那拉氏年輕時情人，不可信。這兩家過去從不往來，怎會相熟？

榮祿

亂鬧數月，使天下共憤，罪惡滿盈，不亦可乎？」這與裁撤部分文武各缺的上諭發佈後，有些大臣深為驚駭，皆赴甯壽宮要求太后收回成命，太后笑而不言，如出一轍，也見兩人之陰沉而善用權術。

戊戌前二年，御史胡景桂劾袁世凱小站[1]練兵時，克扣軍餉，誅戮無辜。奉旨，命榮祿查辦，榮祿說：「此人必須保全，以策後效。」又說：「一經部議，至輕亦撤差。此軍甫經成立，難易生手，不如乞恩姑從寬議，仍嚴飭認真操練，以勵將來。」（陳夔龍《夢蕉亭雜記》卷二）此亦可謂榮祿之慧眼識英雄，袁世凱果然沒有辜負他的期望。

到了后黨密謀發動政變，廢立德宗時，德宗也已發覺，衣帶詔中有「朕位且不保」語，故密令四卿等設法救援，籌劃一個既堅持變法又不激怒太后的兩全之策。

這時榮祿以直隸總督駐天津，天津正有袁世凱的駐軍。譚嗣同以為世凱加入過北京強學會，並捐金支持，又久使朝鮮，熟悉外國事，請求變法，天真地認為可救皇上者只此一人。乃密請德宗對世凱結以恩遇。至八月初一

1　河北天津白河之南有興晨鎮，一向是天津、大沽間的小站（稍東有大站）。同治間，李鴻章曾令淮軍駐紮其地。淮軍散後，漸成廢壘。袁世凱練軍，又以此為營基，因而有小站練兵之稱。

榮祿致袁世凱書信

日，德宗召見袁世凱，特賞侍郎。初二日又召見。初三日，嗣同於晚上隻身往法華寺訪袁世凱。據世凱《戊戌日記》：嗣同出一草稿，「內開榮某謀廢立弒君，大逆不道，若不速除，上位不能保，即性命亦不能保。袁世凱初五請訓，請面付硃諭一道，令其帶本部兵赴津，見榮某，出硃諭，立即正法。」袁世凱不答應，兩人爭執多時，「予見其氣焰兇狠，類似瘋狂，然伊為天子近臣，又未知有何來歷，如顯拒變臉，恐激生他變，所損必多，只好設詞推宕。……予因其志在殺人作亂，無可再說，且已夜深，託為趕辦奏摺，請其去。」

初五日，世凱覲奏德宗：變法必須有真正明達時務、老成持重如張之洞者，新進諸臣，閱歷太淺，辦事不能縝密，要德宗十分留意。意思要德宗勿重用四卿等。奏畢，即乘火車往天津。抵津，已日落，「即詣院謁榮相，略述內情。」也就是告密了。

次日初六，政變發作，老佛爺再度訓政。德宗本已如釜底游魂，至此又淪為囚犯，軟禁在瀛台南海，合朝騷然，變法一變而為政變，劊子手即將磨刀了。

六君子之死

　　戊戌八月初六日，慈禧再度訓政後，次日，即祕密下令逮捕維新人士。事先，譚嗣同的親友們曾勸他暫往日本避難，為他拒絕，並說：「各國變法，無不從流血而成，今日中國未聞有因變法而流血者，此國之所以不昌也。譚嗣同舊照。有之，請自嗣同始。」（梁啟超《戊戌政變記》）這話竟成不幸的讖言了。

　　六君子中，在獄中題詩的有三人，一為譚嗣同的七絕，萬口傳誦，但末兩句的「我自橫刀向天笑，去留肝膽兩崑崙」的兩崑崙，後人解釋不了，有以為指康有為與大刀王五，有以為指詩人自己與大刀王五。我以為實統喻自身：崑崙為著名高山，又產美玉，美玉晶瑩皓潔；去留指生死，意為無論活着或死去，自問都如美玉那樣光明磊

戊戌八月清廷處理戊戌六君子的札付

落，可以上配崑崙。[1]

二為楊深秀的七律，首尾兩聯為「久拚生死一毛輕，臣罪偏由積毀成」及「縲紲到頭真不怨，未知誰復請長纓」。三為林旭的《獄中絕句示覆生》：

青蒲飲泣知何補？慷慨難酬國士恩。

欲為君歌千里草，本初健者莫輕言。

首句的青蒲原指宮室中鋪席之地，後來借喻近臣憂心皇帝的急難。三四兩句，出《後漢書·袁紹傳》：紹字本初，為廢立漢獻帝事和董卓爭吵，曾憤然對董卓說：「天下健者，豈惟董公！」言下之意，他自己也是一個不好對付的健者。這裏以袁紹影射袁世凱，意為世凱本是奸雄，不該向他勸說。千里草本指董卓，這裏影射武衛後軍統領董福祥，亦受榮祿節制。陳夔龍《夢蕉亭雜記》卷二，記小站袁軍「僅七千人，勇丁身量，一律四尺以上，整肅精壯，專練德國軍操。馬隊五營，各按方辨色，較之淮練各營，壁壘一新」。這也是譚嗣同要想依仗世凱的原因之一。

---

1 戊戌六君子被殺二十年後，張元濟曾輯成《戊戌六君子遺集》。張氏本人也參加過新政，後被革去刑部主事職。至八十五歲，有《追述戊戌政變雜詠》之作，末首云：「無官贏得一身輕，猶望孤兒作范滂。老去范滂今尚在，不聞阿母作兒聲。」

　　燕谷老人（張鴻）《續孽海花》第五十回，說戴勝佛
（指譚嗣同）是「兩眼誤奸雄」，並寫林敦古（林旭字暾
谷）的話道：「我是不贊成方安堂（指袁世凱）的，他的
眼珠兒太流動，說話時沒有一點兒懇摯的神氣，恐怕不能
與他共謀大事。我看那個董回子（董福祥是回族，所以帶
的是甘軍）很有點草莽英雄的精神（福祥起先在甘肅嘯聚
起事），這種人答應了一句話，不會反覆的。」當是依據
林詩而鋪陳，實則福祥也是榮祿的人。胡思敬《戊戌履
霜錄》也說：「旭言世凱巧詐多智謀，恐事成難制，請召
董福祥。嗣同不可。」林旭是六君子中最年輕一個，死難
時僅二十四歲，比嗣同小十歲，德宗兩頒密詔，皆由他傳
書，葉昌熾《緣督廬日記鈔》中譏其「少年浮躁」，但在
阻止譚嗣同寄託袁世凱一事上，倒比嗣同有識力。

　　譚嗣同等被捕後，先被拘留於提督衙門，後即移交刑
部大牢收監。黃濬《花隨人聖庵摭憶》，記政變時有一老
獄卒劉一鳴，曾看守譚嗣同等人，回憶當時情狀云：

　　譚在獄中，意氣自若，終日繞行室中，拾取地上煤
屑，就粉牆作書，問何為，笑曰：作詩耳。可惜劉不文，
不然可為之筆錄，必不止望門投止思張儉一絕而已也。
林旭秀美如處子，在獄中時時作微笑。康廣仁則以頭撞
壁，痛哭失聲曰：天哪！哥子（康有為）的事，要兄弟來

承當。林聞哭，尤笑不可仰。既而傳呼提犯人出監，康知將受刑，哭更甚。劉光第曾在刑部（按：曾任刑部主事），習故事，慰之曰：此乃提審，非就刑，毋哭。既而牽自西角門出，劉知故事，縛赴市曹處斬者始出西角門，乃大愕。既而罵曰：未提審，未定罪，即殺頭耶？何昏慣乃爾？同死者尚有楊深秀、楊銳，無所聞。惟此四人，一笑，一哭，一罵，殊相映成趣。

實則當時即使審問，也只是形式，最後還是要從西角門牽出去。對政治犯，原非以正常的司法程序所能理喻，所以，也並非真的「昏慣乃爾」。

六君子中，對維新運動的態度也不一致，譚嗣同是最堅決激進的，楊銳雖列名四卿，態度就猶豫搖擺，保國會開會日，他「偏獨當眾假寐」。[1] 在保守型的葉昌熾《緣督廬日記鈔》卷七中，有云：「幼笏晨來，坐未定，即言叔喬（楊銳字），相與揮涕。又言：劉光第亦愿者，林旭少年浮躁，譚嗣同則兇忽狡悍，死當其辜。蕭蕙同焚，可為浩歎。」又説「以叔喬之學行，叛逆之謀，可信其必不與聞」，陳夔龍《夢蕉亭雜記》卷一，引慶親王奕劻的話，也極言「楊劉冤慘，思之心痛」，正可從反面説明楊銳對

維新的態度原不積極。

　　然而譚嗣同也使人有有勇無謀的遺憾。以新舊兩黨實力而論，自極為懸殊，嗣同卻急於求成，不講究主客觀條件，不辨別對象，企圖通過冒險的盲沖的圍劫手段，擲孤注於袁世凱身上，豈非與虎謀皮？反言之，袁世凱這樣的「健者」，他怎麼會將孤注擲在毫無實力的新黨上面？他本來不是新黨，也並不是忠心於后黨，只是從他個人的利害得失上衡量。再說即使變法成功，榮華富貴也挨不到他，他怎會支持新黨？黃遵憲《感事》之七也說：「師未

譚嗣同書法

多魚遂漏言，如何此事竟推袁？」

六君子之被害，在八月十三日，距譚嗣同法華寺之
「說袁」才十天[1]，而大局已落得這個地步。關於六君子被
殺戮的場面，《續孽海花》第五十二回即專寫其事，其中
寫刑部司員汪時庵的話道：「朝廷如此對待士大夫，將來
恐怕沒有好結果吧。」仲玉道：「一點兒不錯，現在人心
思亂，將來恐怕要去尋找這種人也找不到呢？」辛酉政
變，已經殺了三個宗室，戊戌政變，被殺的是中青年的士
人，數目也多至六個。

《續孽海花》作者燕谷老人張鴻，曾任內閣中書，對
當時一些人物和故事，都是身經目擊，書中的莊仲玉即影
射他本人，所以雖是小說家言，卻具有傳真的史料價值，
談戊戌變法掌故者常取材於此。

譚嗣同印

---

1 譚嗣同墓地有一聯云：亙古不滅，片石蒼茫立天地；一巒挺秀，重
山奔赴若波濤。亦可誦。

垂簾與垂幕

康梁等人之於慈禧,除了政治上對峙外,還有因慈禧的出身、身份而引起的輕視心理,並將她的垂簾比作武則天的臨朝,而武則天在士大夫的習慣心理上是一個聲名很壞的女人,例如黃遵憲《感事》的「九鼎齊鳴驚雉雒」,便是用段成式《酉陽雜俎》卷一的「則天初誕之夕,雌雒皆雒」的典故,他還把慈禧比作漢代的呂后,而呂氏也素被看作亂朝的皇太后。

康有為《戊戌八月國變紀事》中說:「更無敬業卒,空討武瞾檄」。他在與英國傳教士李提摩太書中,更直說「偽太后在同治則為生母,在今上則為先帝之遺妾耳,豈可以一淫昏之宮妾而廢聖明之天子哉?」已經到了扯破臉皮地步了。不過,這話也不能服人:既然是同治之生母,到了光緒時,怎麼就成為偽太后了?

《戊戌政變記》第二篇記長麟也有類似的話:「凡入

嗣者無以妾母為母之禮」，所以，只有慈安太后才是德宗嫡母。長麟是滿洲鑲藍旗人，曾任戶部侍郎，滿人中對慈禧有這種看法的當不止一二人。後以「信口妄言，跡近離間」，與刑部侍郎汪鳴鑾一同革職，其事還在戊戌以前。「信口妄言」的具體內容未詳，想來不外乎此。當初肅順等反對兩宮垂簾，當也因為慈禧是「先帝之遺妾」。這固然出於封建倫理觀念，卻又是統治集團所強調的。

這一切，慈禧是心中有數的。她是老佛爺，又是女人，女人有女人最切齒痛恨而又不能明言的地方，因而一碰到和她對立的人，就會本能地觸發敏感，這種心理上的積累下來的壓制，加上性格上的強硬狠辣，便會由自卑而爆發為反常的自尊，誰都必須聽她的話。有的人因進入暮年，權慾逐漸淡薄，有的人反而膨脹，甚至產生虐他性的報復心理，報復的對象又很廣泛。據說她說過這樣的話：「誰叫我不痛快一下子，我就叫他不痛快一輩子。」聽聽也令人毛骨悚然了。

她守寡時才二十五歲，穆宗雖然童昏不成器，畢竟是她親生的。母以子貴，在這點上，她比慈安有可以自豪地方。不想穆宗夭逝，再也沒有一個親骨肉了，於是煞費苦心地領來一個四歲的娃娃德宗，不想長大後又不聽她的話。如果維新成功，必使一大批她所依靠、賞識的人離開中樞，因而影響她的政治上的安全，因而恨死維新派，遷

怒於德宗。她明白，她活着一天，新政對她的權力必然有害無利，何況新黨竟要效法洋人，成立議院、學會，改革科舉，這就涉及上層建築了。

她對祖制，何嘗放在心上？例如垂簾聽政，就是大清歷朝所沒有的，她卻我行我素，不顧大臣的反對，但別人要改變體制，她便要拿祖制來壓了。

然而我們還要承認，她確實是一個聰明機警、堅強能幹的女人，不然的話，一個光杆子的太后，怎麼能成功地發動兩次政變，專權達四十餘年之久？在這一點上，倒可以和武則天並肩。

她年輕時，沒有高深的學問基礎，垂簾後，批覽章疏，日以數百，某摺某事，洞晰無遺。據瞿鴻禨[1]《聖德紀略》，有一天，慈禧曾對鴻說：「我十八歲入宮，文宗顯皇帝在宮內辦事時，必敬謹侍立，不敢旁窺，一無所曉。後來軍務倥傯，摺件極繁，文宗常令清檢封事，略知分類。垂簾以來，閱歷始多，至今猶時時加慎，惟恐用心不到。」（引自《清宮述聞》）此亦可見其人之敏慧伶俐。

同治四年削恭親王奕訢大權的那道詔旨，雖然別字連

---

1 瞿鴻禨（1850－1918），湖南善化（今長沙）人。字子玖，號止庵，晚號西巖老人，曾任軍機大臣。禨，音 jī。

篇，畢竟虧她親自草擬[1]，她自己也承認「詔旨中多有別字及辭句不通者」，要倭仁等潤飾。

總之，作為最高的封建統治者，她的行為沒有絲毫可以原諒的地方，作為男女等級森嚴的封建社會中和外界隔絕的一個寡婦，有她的不容否認的突出才能，有她的心理放射的現實條件。

但自戊戌政變結束後，朝廷大權卻轉移到另一滿大臣剛毅身上，連榮祿都不能和他抗衡。榮祿還不想將已施行的新政全部廢棄，剛毅則務必掃除淨盡，並與端王載漪陰謀廢黜德宗，以載漪之子（溥儁）作大阿哥而繼統，後來又引出義和團。即是說，六君子的鮮血在京城中流了才二年，義和團的拳頭又伸了出來，然而整個大清帝國這一舞台，也由垂簾而漸近垂幕了。

慈禧印

1 如「是（事）出有因」、「諸多挾致（制）」、「往往諳始（暗使）離間」、「若不即（及）早宣示」，等等。

慈禧太后罷免恭親王的詔旨

清代宮廷政變錄

金性堯　著

責任編輯　王春永
裝幀設計　高　林
排　　版　黎　浪
印　　務　劉漢舉

出版　　中華書局（香港）有限公司
　　　　香港北角英皇道 499 號北角工業大廈一樓 B
　　　　電話：（852）2137 2338　傳真：（852）2713 8202
　　　　電子郵件：info@chunghwabook.com.hk
　　　　網址：http://www.chunghwabook.com.hk

發行　　香港聯合書刊物流有限公司
　　　　香港新界荃灣德士古道 220-248 號
　　　　荃灣工業中心 16 樓
　　　　電話：（852）2150 2100　傳真：（852）2407 3062
　　　　電子郵件：info@suplogistics.com.hk

印刷　　美雅印刷製本有限公司
　　　　香港觀塘榮業街 6 號海濱工業大廈 4 樓 A 室

版次　　1992 年 8 月初版
　　　　2022 年 5 月第二版第 1 次印刷
　　　　© 1992 2022 中華書局（香港）有限公司

規格　　32 開（195mm×140mm）

ISBN　　978-962-231-658-4